D1754023

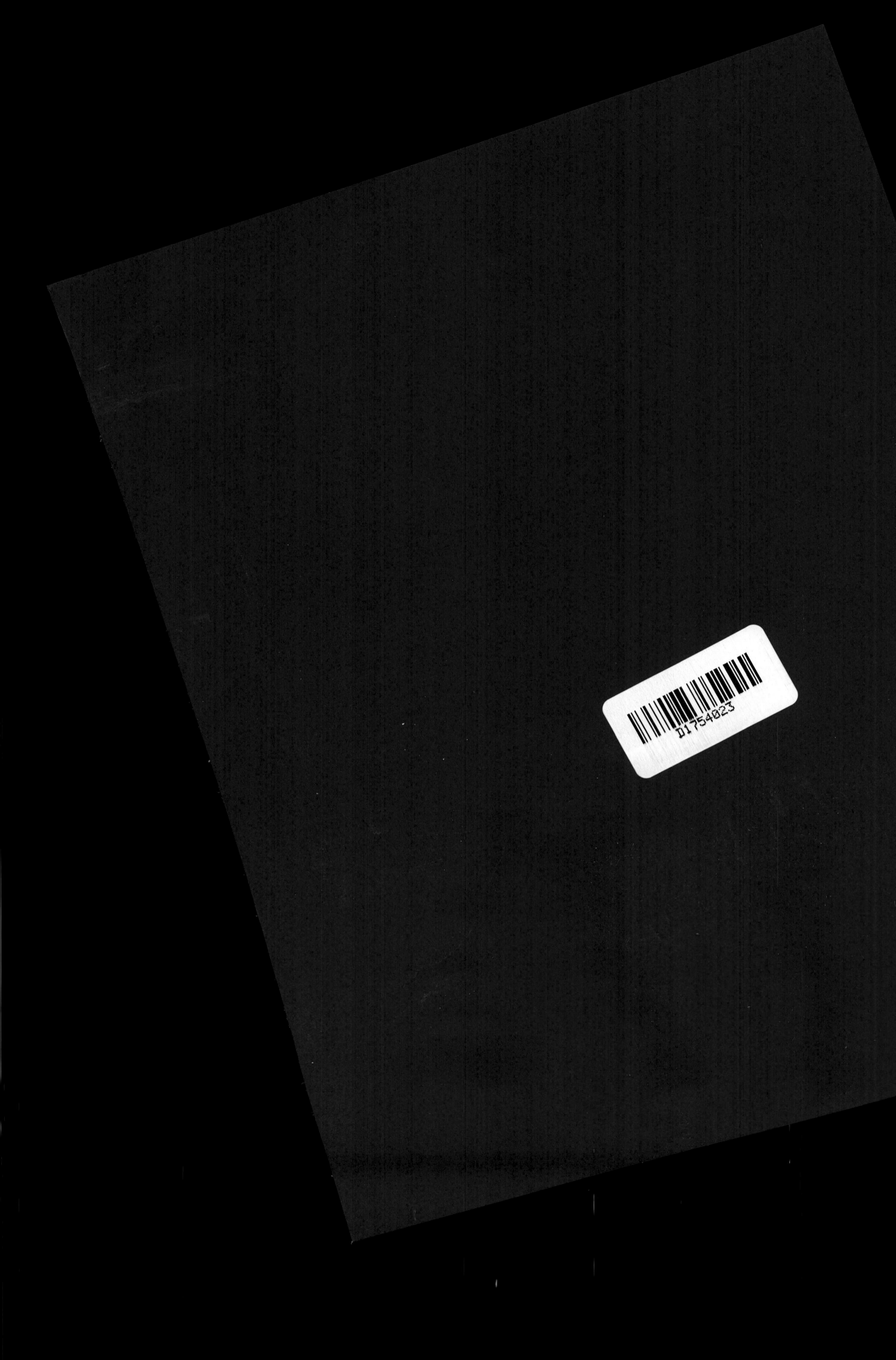

ARLBERG

Hanna Molden
ARLBERG
PASS, HOSPIZ UND BRUDERSCHAFT
Von den historischen Anfängen bis zur Gegenwart

Unter Mitarbeit von Hans Thöni
Mit 176 Abbildungen, davon 17 in Farbe

Edition Christian Brandstätter · Wien

BILDNACHWEIS

Archiv Hospiz Hotel Arlberg, St. Christoph am Arlberg:
Seiten 6, 8, 9, 12, 14, 16, 17 o. und u., 18, 19 l.o., r.o., l.u. und r.u., 21, 22, 23, 24 l.o. und r.o., 25 o. und u., 26, 27 o. und u., 28 o. und u., 33 u., 34, 35, 36, 37, 41, 43, 45, 46, 47, 56, 57, 58, 59, 60, 61, 62, 63 o. und u., 64, 65, 66, 67, 70, 71, 72, 73, 74, 75, 76, 77, 79, 81 o. und u., 82, 84 l.u., 86, 87 o. und u., 89, 90 l.o. und r.u., 91 r.o. und l.u., 92, 93 o. und u., 94 o. und u., 95 o. und u., 96, 97, 99 r.o., 100 o., 102 o., 103, 104 l.o und r.u., 105 r.o. und l.u., 107, 108, 109, 110 o. und u., 111 o. und u., 112, 113, 116 l.o. und r.u., 117, 118 l.o., r.o., m., l.u. und r.u., 119 o. und u., 120 o. und u., 121 o., u.l. und u.M., 122 u., 123 o. und u., 124 o. und u., 125 o. und u., 131–136.

Armin Faber, Mühlheim: 121 u.r.

Markus Hauser, Zams: 122 o.

Ing. Hannes Kar, Innsbruck: 129

Österreichisches Staatsarchiv, Abt. Haus-, Hof- und Staatsarchiv, Wien: 49, 50, 51, 52, 53
Lothar Rübelt, Wien: 84 l.o., r.o. und r.u., 85, 88, 98, 99 l.u., 100 u., 101 o. und u., 102 u., 106
Sammlung Christian Brandstätter, Wien: 31, 33 o., 83
St. Georgs-Ritterorden, München: 54, 55
Hans Thöni, Ludesch: 29, 32, 69
Verlagsarchiv: 10 l.o. und r.u., 11 l.o. und r.u., 13, 15, 20

2. Auflage

Der Entwurf des Schutzumschlags (unter Verwendung der Wappen von Herzog Leopold III.
sowie von Herzog Leopold IV. und dessen Gemahlin Katharina von Burgund)
stammt von Christian Brandstätter.
Die graphische Gestaltung erfolgte durch Christian Brandstätter,
die technische Betreuung durch Franz Hanns,
die lektoratsmäßige Betreuung durch Käthe Springer.

Die Gesamtherstellung des Buches erfolgte durch den Landesverlag, Linz.
Gesetzt wurde in der Palatino, 12 auf 12 Punkt.

Alle Rechte, auch die des auszugsweisen Abdrucks oder der Reproduktion einer Abbildung, sind vorbehalten.
Copyright © 1986 by Christian Brandstätter Verlag, Wien
ISBN 3-85447-168-8

Christian Brandstätter Verlagsgesellschaft m.b.H.
A-1080 Wien, Wickenburggasse 26, Telefon (0222) 408 38 14-15

INHALTSVERZEICHNIS

EINLEITUNG
7

„HIN ÜBER DEN PERG..."
Ein Paß macht Geschichte
9

KLEINE ARLBERGKUNDE
Von Landschaft, Orten und Leuten
23

HEINRICH FINDELKIND
Geschichte und Legende
37

„SANCTI CHRISTOPHORI AM ARLPERG BRUEDERSCHAFFT"
Ihre Botenbücher und Satzungen
47

DAS ARLBERG HOSPIZ
Von der Herberge zur Taverne
77

NABEL DER SCHIWELT
Beginn einer neuen Ära
89

PHÖNIX AUS DER ASCHE
Die Erneuerung von Hospiz und Bruderschaft
109

LITERATURVERZEICHNIS
127

DER BRUDERSCHAFTSRAT
129

600 JAHRE BRUDERSCHAFT ST. CHRISTOPH 1986
131

Das Arlberg-Hospiz zu St. Christoph anno 1897. Im Vordergrund das Straßenwärterhaus, links die Sennhütte und rechts die Salzstadel-Ruinen.

EINLEITUNG

Im Jahre 1386 trat der Arlberg in die Geschichte ein. Als er dies tat, war sein Ruf nicht der beste.
Über Millionen Jahre hinweg hatte sich die Natur bemüht, ihm ein sanftes Image einzubügeln. Mit Hilfe von Gletschern schabte sie den Berg auf einen eher zahm wirkenden Paß zusammen. Aber der Schein trog, der Arlberg war wetterwendisch. Von blendender sonniger Schönheit wandelte er sich im Handumdrehen zum nebeligen, schneeverwehten Hexenkessel. Heimtückische Lawinen, Muren, Steinschläge, Stürme mit jähem Richtungswechsel gehörten zu seinen Besonderheiten.
Längst hatten sich die Menschen verschiedene Wege über die Alpen gesucht. Aber den Arlberg mieden sie, dem vernünftigen Motto folgend: Wer sich in Gefahr begibt, kommt leicht darin um. Vom Gegenteil mußten sich viele überzeugen, die es trotz allem wagten. Der Paß war ein berüchtigter Totengräber.
1386 trat ein Mann zu seiner Rehabilitierung an: Heinrich Findelkind von Kempten. Er baute dem „Arl" eine Herberge aufs Haupt, weil er sich in den Kopf gesetzt hatte, dem Weg über den 1800 m hohen Paß etwas von seiner Gefahr für den mühselig Wandernden des Mittelalters zu nehmen. Man begann den Arlberg zögernd, dann intensiver und später selbstverständlich als Reiseroute zu benützen. „Da oben herrscht dreiviertel des Jahres Winter, den Rest ist's rauh und kalt. Nach Simon und Judä' sollte kein vernünftiger Christenmensch mehr über den Paß. Wo die Herberge steht, ist die Luft so dünn, daß man keinen Schlaf findet." Dies und Schlimmeres sagte man dem Arlberg noch lange und keineswegs unberechtigt nach. Und doch zogen immer mehr Reisende über seinen hohen Rücken; Kaiser und Päpste, Fürsten und Soldaten, Kaufleute, Pilger und Vagabunden vertrauten auf das schützende Dach der Herberge und auf die wegsichernden Maßnahmen des Findelkind und seiner Knechte. Der Arlberg hatte begonnen, Geschichte zu schreiben.

Seine wechselnd bedeutungsvolle Rolle als Handelsweg für Salz und andere Güter zählt ebenso dazu wie seine Bedeutung für die Politik des expandierenden Hauses Habsburg. Der Paß wurde zur strategisch wichtigen Schlüsselposition und dennoch nie zum ernstzunehmenden Kriegsschauplatz.
Das geheimnisreiche Leben des Findelkindes Heinrich von Kempten ist ebenso ein Stück Arlberggeschichte wie der Bau des Hospiz und die Gründung der St. Christophorus-Bruderschaft auf dem Arlberg. Das Schicksal des Gründers und das erstaunliche Überdauern beider von ihm geschaffenen Institutionen bis auf den heutigen Tag fasziniert Historiker ebenso wie Märchenfetischisten.
Der Arlberg als Siedlungsgebiet ist ein Kapitel für sich; Menschen verschiedensten ethnischen Ursprungs, die es sich nicht leisten konnten, schwierige Lebensbedingungen zu scheuen, krallten sich mit erstaunlicher Hartnäckigkeit an seinen Flanken fest, als hätten diese mehr saftige Weiden als steinige Hänge zu offerieren.
Schließlich wurde der Arlberg zum Pionierland für die Entwicklung modernen Verkehrswesens; man baute Straßen über ihn und Tunnels unter ihm. „Was Gott durch einen Berg getrennt hat, soll der Mensch nicht durch ein Loch verbinden", hieß das gläubige Argument des 19. Jahrhunderts gegen den Tunnelbau. Auch das hat der Berg entkräftet. Er stürzte nicht in sich zusammen. Im Gegenteil, er verdankte dieser technischen Hochleistung neuen Ruhm, der wenige Jahrzehnte später vom Glanz des Arlberg als Schiparadies überrundet wurde.
Sechshundert Jahre ist es her, daß der Arlberg begann, eine historische Bedeutung zu entwickeln. Aus diesem gegebenen Anlaß soll sein Weg aus einer unwegsamen, finsteren Vergangenheit in seine schneeweiße, vergnügungsprogrammierte Gegenwart beschrieben und einiger jener Menschen gedacht werden, die ihn auf seinem Weg begleiteten.

Die Vorarlberg-Karte der Emser Chronik, 1616.

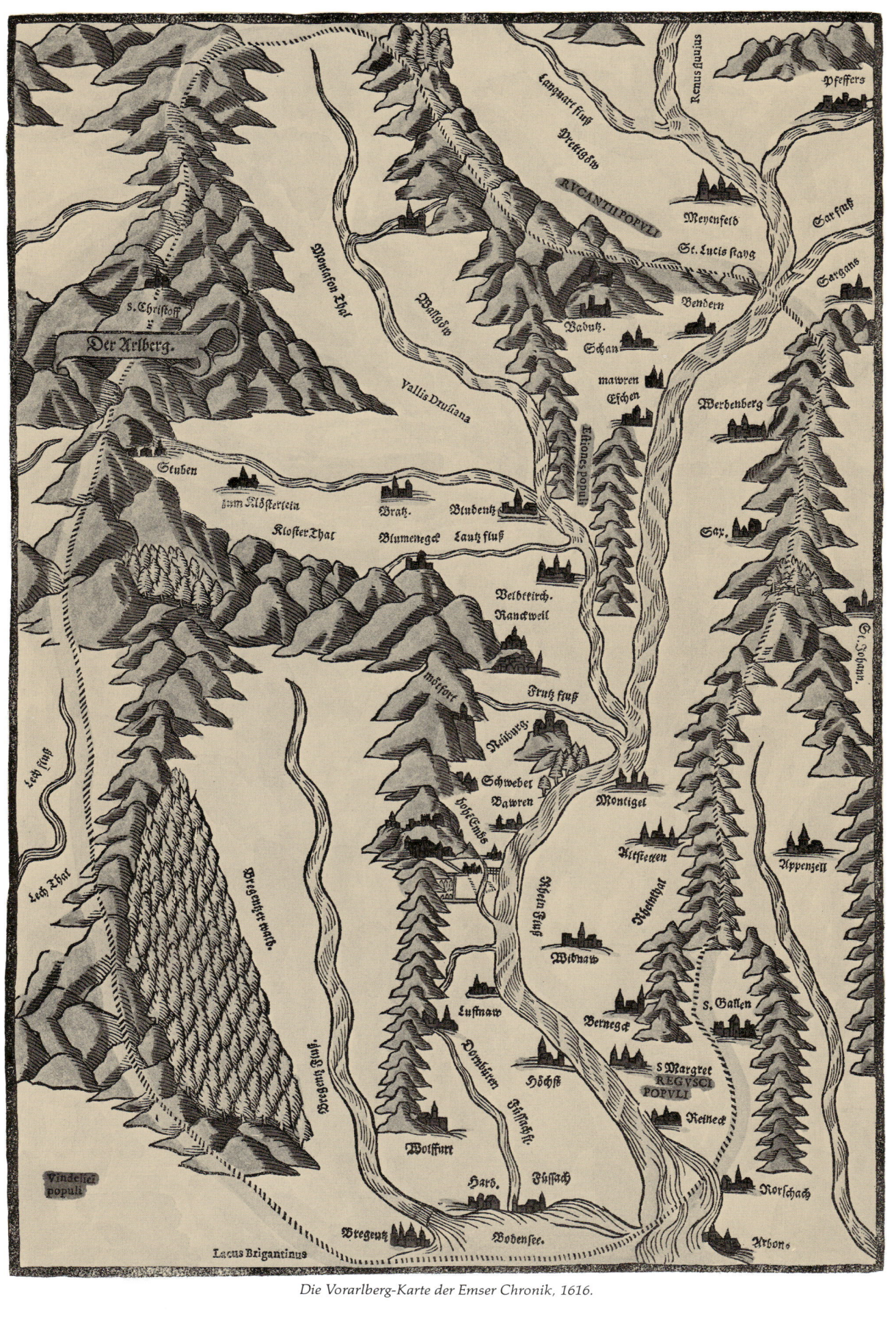

„HIN ÜBER DEN PERG..."
Ein Paß macht Geschichte

Das Wort „Paß" stammt aus dem Lateinischen und ist von *passus* (Schritt) oder *patere* (offen stehen, sich erstrecken) abzuleiten. Im Sprachgebrauch sind mit dem Begriff Paß durchaus positive Assoziationen verbunden: der Bergpaß — niedrigste Stelle eines größeren Gebirges, die als Übergang benützt wird; der Engpaß — schmal, aber immerhin ein Durchgang; auch der Reisepaß bezeichnet kein Hindernis, sondern eher die Möglichkeit, ein solches zu überwinden.

Nur der Arlbergpaß tanzt aus der Reihe. Wenn man seine Geschichte von den historischen Anfängen bis zur Gegenwart betrachtet, stellte er weit öfter ein Hindernis dar als eine Verbindung. Zu seiner Ehrenrettung muß freilich hinzugefügt werden: eine Möglichkeit bot er immer, jedoch eine, die man scheute.

Prähistorische Funde zeugen von einer frühen Besiedlung des Arlberg, aber als Verkehrsweg wurde er schon von den Römern gemieden. Jahrhundertelang wich man dem naturgegebenen, doch schlecht erschlossenen und gefährlichen Übergang auf zeitraubenden Umwegen aus. Die alpenquerenden, nordsüdverlaufenden Täler waren für den Güter- und Personenverkehr ohnehin wichtiger, und um von Ost nach West und umgekehrt zu gelangen, schlug man eben Haken.

Manchmal freilich waren strategische oder handelspolitische Überlegungen zwingend genug, den Arlberg überqueren zu müssen. Dann trat der Berg, der keiner ist, ganz plötzlich ins Rampenlicht der Geschichte, um ebenso plötzlich Jahrzehnte oder Jahrhunderte lang in Vergessenheit zu geraten.

Der Name Arlberg scheint erstmals im frühen 13. Jahrhundert auf. Das Ende seiner Anonymität dankt der Berg dem Grafen Hugo I. von Montfort, welcher 1218 in einer Stiftung an seine Stadt Feldkirch unter anderem erwähnt: „... mit dem Walde, der sich an den Arle anschließt". Die Montforts, denen damals der größte Teil des Arlberg gehörte, räumten im Grunde vorzeitig mit allen Spekulationen über die Bedeutung der Bezeichnung „Arl" auf; hundertsechzig Jahre später nämlich verkaufte Graf Rudolf, der letzte Montfort seiner Linie, einen Wald „... bis hin zu den Arlygen". In beiden Fällen ist mit dem Wortstamm „Arl" eindeutig die Krumm-, Leg- oder Bergföhre gemeint. In Tirol nennt man sie Latschen, in Vorarlberg und Graubünden von altersher Arlen und im Walsertal Adlen, was manche Sprachdeuter der Neuzeit zu der irrigen Annahme verleitet hat, mit „Arl" sei der Adler gemeint.

Der Weg über den Arlberg wurde erst Ende des 13. Jahrhunderts wichtig, als man in der Sole-Stadt Hall in Tirol ein neues, gewaltiges Salzlager entdeckte. „Hin über den Perg" zu Rhein und Bodensee mußte das Weiße Gold befördert werden. Daß der Verkehrsader auch politisches Gewicht zugemessen wurde, zeigt ein Übereinkommen zwischen Kaiser Ludwig dem Bayern und den österreichischen Herzögen Otto und Albrecht ex anno 1335, das bestimmt, daß „... die Strass ab der Vinstermünz über den Arln offen solle sein gen Schwaben und herwidert gegen Österreich".

Es war der Familie Habsburg vorbehalten, den Arlberg schließlich ins Zentrum spätmittelalterlichen Weltgeschehens zu rücken. Etwas mehr als fünfzig Jahre lang — von 1363 bis zum Ende des Konzils von Konstanz — überstürzen

Ausschnitt aus der Emser Chronik, 1616.

Siegel der Margarete Maultasch an einer Urkunde aus dem Jahre 1363, wiedergegeben in einer Federzeichnung von Karl von Siegl.

sich die Ereignisse auf und um den „Perg" und prägen sein historisches Gesicht.

1363 beerben die Habsburger Margarete Maultasch, Gräfin von Tirol. Seit Jahren haben Wittelsbacher und Habsburger vergeblich versucht, sich Tirol einzuverleiben, Margarete hielt sich wacker. Als sie aber, bereits verwitwet, auch noch den einzigen Sohn verliert, wird ihre Lage hoffnungslos. Sie überläßt ihr Land den Habsburgern, die einmal mehr beweisen, daß sie klüger taktieren als der Gegner. Im September 1363 huldigt Tirol Rudolf IV., der Stifter genannt, als seinem rechtmäßigen Landesherren. Margarete dankt ab und begibt sich nach Wien, wo sie sechs Jahre später stirbt. Mit Tirol besitzen die Habsburger endlich die begehrte Brücke zwischen Österreich und ihren Besitzungen in der Schweiz.

Nach Rudolfs frühem Tod teilen sich seine Brüder Albrecht III. und Leopold III. die Herrschaft. Dieser Leopold — Urenkel von Dynastiegründer Rudolf und Urgroßvater des „letzten Ritters", Kaiser Maximilian I. — ist ein Kampfhahn. Ihm gehören die Vorlande, die italienischen Besitzungen, Kärnten, Krain, die Steiermark und nun auch Tirol. Zeitweise wird er nach Süden hin expansiv. Sein eigentlicher Ehrgeiz aber ist auf den Westen gerichtet.

Die aufmüpfigen Schweizer haben sich 1291 zur Eidgenossenschaft zusammengeschlossen und löken seither pausenlos wider den habsburgischen Stachel. Leopold will die unsicheren Kantonisten ein für allemal zur Räson bringen. In Vorbereitung seines Planes kauft er dem letzten Grafen von Montfort-Feldkirch dessen Herrschaft Feldkirch ab; kauft überhaupt auf, was er in dieser Gegend erwischen kann, um sich das nötige Hinterland zu schaffen. Der Arlberg wird ein militärisch überaus wichtiges Vorstoß-, Nachschub- und Rückzugsgebiet. So waren es mit ziemlicher Sicherheit strategische Überlegungen, die den streitbaren Habsburger dazu bewegten, den Hirten Heinrich Findelkind, einen Habenichts und Niemand, im Jahre 1385 zum Bau einer Herberge auf dem Arlberg zu autorisieren.

Das Kapitel von Heinrich Findelkind und dem Arlberg-Hospiz ist eines der spannendsten und bewegendsten in der Geschichte der Alpen. Dem realistischen Phantasten Findelkind ist es gelungen, den Arlberg im spätmittelalterlichen Europa zum Begriff zu machen. Er nahm dem gefährlichen Übergang weitgehend seine Schrecken und gab ihm den Ruf einer gangbaren Reiseroute.

Leopold III. freilich konnte davon nicht mehr profitieren. Die Eidgenossen hatten die Aktivitäten des Österreichers sehr wohl verfolgt und gedachten, dem Gegner zuvorzukommen. Unerwartet fielen sie über habsburgischen Besitz her und nahmen etliche Städte und Burgen. Daraufhin wartete der hitzige Herzog das Eintreffen seiner Hilfstruppen

Herzog Rudolf IV., der Stifter. Gemälde, um 1360.

Die Niederlage des Bundes ob dem See vor Bregenz am 13. 1. 1408. Aquarell aus der Tschachtlan-Chronik, 1470.

nicht erst ab, sondern machte sich an der Spitze eines gepanzerten Ritterheeres auf, um zunächst Sempach, dann seine Burg Rotenburg bei Luzern zurückzuerobern. Die Tore Sempachs blieben ihm verschlossen und für eine Belagerung war Leopold nicht stark genug. Also zog er weiter nach Rotenburg. Es war der 9. Juli 1386, die Sommerhitze war groß, die Ritter in ihren schweren Rüstungen und die Rösser waren erschöpft. So hatten sie keine Chance, als knapp hinter Sempach ein Schweizer Bauernhaufen aus dem Hinterhalt angriff. Das leicht bewaffnete, bewegliche gegnerische Fußvolk tötete den Herzog und sechshundert seiner Adeligen.

Diese Niederlage leitete zwei wesentliche Veränderungen ein: Sie erschütterte den Glauben in die Schlagkraft des gepanzerten Ritterheeres; und der Verlust der habsburgischen Besitzungen in der Schweiz war auf die Dauer nicht mehr aufzuhalten.

Leopolds Sohn und Nachfolger in der Herrschaft über Tirol und die Vorlande, Leopold IV., dürfte den zahm gewordenen Arlberg indessen ziemlich häufig überschritten haben. Das ergab sich zwangsläufig aus seinen Regierungsgeschäften in Tirol wie auch im Lande „vor dem Arle" oder „enhalb des Arls". In letzterem konnte er, bis zum Jahre 1400 heftig arrondierend, den Habsburgern die Übermacht sichern.

Die Reisetätigkeit auf dem durch Findelkind und sein Hospiz betreuten Arlberg scheint zu dieser Zeit äußerst rege gewesen zu sein. Das Risiko eines Übergangs war für Ritter, Pilger und Kaufleute, für Einzel- und Gruppenreisende akzeptabel geworden. Erst der Appenzeller Krieg brachte wieder eine Wende zum Schlechteren.

Dieser Konflikt, aus einem Abgabenstreit zwischen dem Abt von St. Gallen und seinen Appenzeller Bauern entstanden, verunsicherte drei Jahre lang, von 1405 bis 1408, die Region. Herzog Friedrich IV., der jüngere Bruder von Leopold IV., hatte sich als Bundesgenosse des bedrängten Abtes eingemischt und war geschlagen worden. Die erfolgreichen Appenzeller rückten bergab bis an den Rhein und zwangen das Land vom Bodensee bis an den Arlberg in den sogenannten „Bund ob dem See". Nichts schien sie bremsen zu können. Schon hieß ihr nächstes Ziel Tirol. Am Pfingstsonntag des Jahres 1406 dürften sie die Arlberghöhe erreicht und dort mit der Bevölkerung des Stanzer- und Paznauntals verhandelt haben. Tatsächlich schlossen sich die Bauern bis Landeck hinunter den Appenzellern an. „Sie zugent über den Arlenberg und für Landegg hinein, dass inen das nieman wert, wan die puren wolltend all gern Appenzeller sin, und was gar ain wunderlicher louff, doch wärt er nit lang." Bei Zams leistete Tirol unter seinem Landeshauptmann Peter von Spaur erstmals Widerstand. Die Tiroler wurden geschlagen. Die Appenzeller stießen weiter bis Imst vor, dann kehr-

Herzog Leopold IV. von Österreich. Stich von Wolfgang Kilian.

ten sie plötzlich um. Ein Bote brachte Nachricht, daß sich in ihrem Rücken, jenseits des Arlberg, Herzog Friedrich mit dem Grafen von Montfort-Bregenz zusammengetan habe, um sich zurückzuholen, was ihm vom „Bund ob dem See" abgenommen worden war.

Daß die Appenzeller beim Zug über den Arlberg das Hospiz nicht brandschatzten, ist eines der vielen kleinen Wunder um dieses Haus. Im allgemeinen ging der kriegerische Haufen mit Mensch und Bauten im Feindesland nicht gerade zimperlich um. Doch das Hospiz und seine Samariter scheinen eine ähnliche Achtung genossen zu haben, wie heute die Einrichtungen des Roten Kreuzes. Ein Beutestück freilich brachten die Appenzeller vom Arlberg mit heim: ein Bruderschaftsbanner, das die Jahrhunderte überdauert hat und bis auf den heutigen Tag in Appenzell aufbewahrt wird.

Der Appenzeller Krieg endet 1408 mit dem Frieden von Konstanz. Auf dem Arlberg kehrt vorübergehende Ruhe ein, aber sie dauert nicht lange. 1414 wird das Konzil zu Konstanz einberufen. In den folgenden vier Jahren, bis zur Auflösung des Konzils im Jahre 1418, dürfte es zu einer Art Massenverkehr über den Arlberg gekommen sein, der das Hospiz zu einem Durchhaus machte.

Das Konzil zu Konstanz sollte Europa aus dem großen abendländischen Schisma führen; denn seit der Jahrhundertwende steckte das Christentum in einer unerträglichen Krise. Nicht weniger als drei Päpste stritten um den Heiligen Stuhl. Die Kirche wurde immer unglaubwürdiger. Der tatkräftige Kaiser Sigismund wollte diesem Zustand ein Ende setzen — er hatte den deutschen Thron 1411 bestiegen und zu Hause in Böhmen gab es mit dem Reformator Johannes Hus schon genug Schwierigkeiten. Nach zähen Verhandlungen kam das Konzil zustande. Eines der Kirchenoberhäupter, Papst Johannes XXIII., nahm daran teil. Aus Italien kommend, reiste er durch Tirol an den Bodensee. Sein Weg führte über den Arlberg. Es war in der zweiten Oktoberhälfte des Jahres 1414. Und prompt zeigte sich der Paß von seiner unwirtlichen Seite, nämlich schneebedeckt.

Der Zug des Heiligen Vaters muß eine beachtliche Sensation gewesen sein. Hunderte Fromme und Schaulustige dürften am Weg durch das Stanzertal Aufstellung genommen haben, um Johannes in seinem mit einem roten, baldachinartigen Dach bespannten Pferdewagen vorüberziehen zu sehen. Wahrscheinlich war der Geleitzug des Papstes ein Schauspiel, von dem man sich noch Generationen später dies- und jenseits des Arlberg erzählte. Und höchstwahrscheinlich haben sich hüben und drüben Hunderte abrackern müssen, um den Weg über den Berg einigermaßen befahrbar zu halten. Dafür dürfte schon Herzog Friedrich gesorgt haben.

Denn wieder einmal hatte der betriebsame Habsburger eindeutig — und vorschnell — Partei ergriffen; diesmal für Johannes XXIII. Friedrich und Johannes hatten bereits am 14. und 15. Oktober in Meran konferiert; der Papst wußte sich der Unterstützung des mächtigen Landesherren zu versichern. Dann ritt der Herzog ins Vorarlbergische voraus, um eine sichere Reise und angemessene Unterkunft für Seine Heiligkeit im habsburgischen Territorium zu garantieren. Der Arlberg machte Gastgeber und Papst einen ersten Strich durch die Rechnung, indem er für einen „allerhöchsten Umfaller" sorgte. Droben auf dem Paß, mit ziemlicher Sicherheit in der der Nähe des Hospiz, kippte Johannes' Wagen um und begrub den christlichen Oberhirten kurzfristig im da-

Bei einer Arlberg-Überquerung anno 1414 kippt der Wagen von Papst Johannes XXIII. um. Aquarell in Ulrich von Reichenthals Chronik des Konstanzer Konzils.

Herzog Friedrich IV. von Österreich, „Friedl mit der leeren Tasche".
Stich von Wolfgang Kilian.

Dem aufrechten päpstlichen Bundesgenossen Herzog Friedrich hingegen kam die Fluchthilfe teuer zu stehen. Das Konzil belegte ihn mit dem Bannfluch; Sigismund tat ihn in Reichsacht und forderte alle Fürsten auf, sich von Tirol und den Vorlanden zu nehmen, was ihnen beliebte. Das ließen sich die Herren nicht zweimal sagen. Das Land vor dem Arlberg war bald aufgeteilt und Friedrichs eigener Bruder, Ernst der Eiserne, holte sich Tirol. Das einzige, was dem armen Herzog vorerst blieb, war sein neuer Spitzname „Friedl mit der leeren Tasche". In dieser ausweglosen Lage unterwarf er sich am 7. Juni 1415 in Konstanz dem Kaiser. Trotzdem setzte ihn Sigismund in Haft.

Der Kaiser verhielt sich in diesen Tagen überhaupt nicht sehr fair. Einen Monat nach Friedrichs Inhaftierung, am 6. Juli 1415, stand Johann Hus in Konstanz auf dem Scheiterhaufen. Sigismund hatte dem Reformator freies Geleit zugesichert, damit er sich vor dem Konzil gegen die Anklage der Ketzerei verteidigen könne. Stattdessen wurde er verhaftet, vor Gericht gestellt und verbrannt.

Mit Friedrich IV. hingegen wurde Sigismund nicht fertig. Die Tiroler Landstände weigerten sich, dem Kaiser als ihrem Landesfürsten zu huldigen. Sie hielten Habsburg und „Friedl" die Treue. Nach zehnmonatiger Haft gelang dem Herzog die Flucht über den Arlberg. Bereits im April 1416 unterfertigte er auf seinem Schloß Tirol bei Meran etliche Urkunden. Im Jahre 1418 schlossen Kaiser und Konzil Frieden mit Friedrich, und Sigismund belehnte ihn neuerlich mit Tirol. Fortan war „Friedl" seinem Land ein tüchtiger Herr, und als er 1439 starb, tat er dies keineswegs mit leerer Tasche.

Mit der Auflösung des Konzils 1418 wälzt sich noch einmal ein gewaltiger Reisestrom über den Arlberg. Dann wird es da oben immer stiller. Der Paß hat seine erste historische Mission erfüllt. Die große Zeit der krummföhrenbewachsenen Höh' scheint zunächst vorbei zu sein.

mals keineswegs begehrten Schnee. Daß uns dieser historische Augenblick im Detail überliefert wurde, ist dem Chronisten des Konstanzer Konzils, Ulrich von Reichenthal, zu danken, welcher schreibt: „Darnach kam alltag bottschaft, wie unser hailger vatter baupst Johannes XXIII. uff dem weg wär und herzug, das och was. Und da er uff den Arlenberg kam, by den mittel, do viel sin wagen umm und lag in dem schnee unter dem wagen. Do koment zuo im all herren und korttisan und sprachn zuo im: ‚Hailger vatter gebrist üwer Hailigkeit ünz?' Do antwurtt er: ‚Ich lig hie in dem namen des tüfels.' Do er nun herab kam zou dem Clösterlin un an ward sehen Bludiz und diß land, do sprach er: ‚Sic capiuntur Wulpes', das ist ze tütsch: ‚Also werdent die füchs gefangen!' Und kam dannoch gen Veltkirch und mornends gen Rinegg und darnauch gen Constenz."

Bekanntlich fiel der Papst, der im Namen des Teufels am Arlberg zu Fall gekommen war, in Konstanz noch viel tiefer. Er wurde abgesetzt und zum Gegenpapst erklärt. Mit Friedrichs Hilfe floh der alte Fuchs im März 1415 aus der Konstanzer Falle.

Kaum ist die Neuzeit eingeläutet, hört man wieder Neues vom Arlberg. Aber es ist nicht mehr Weltgeschichte, die hier gemacht wird. Die große Politik spielt sich in Burgund, in Frankreich, Italien, Spanien und an der Ostgrenze des Reiches ab. Wohl erlebt Tirol unter Maximilian I. seine Glanzzeit, der Kaiser liebt und bevorzugt dieses Land wie kein anderes, aber der Arlberg bleibt am Rande des Geschehens. Einzige Ausnahme bildet der Schwabenkrieg: 1499 hatten sich die Schweizer wieder einmal gegen Habsburg erhoben. Sie besiegten den Kaiser und den Schwäbischen Bund, und der Friede von Basel brachte schließlich und endlich die Trennung der Schweiz vom Deutschen Reich. Während dieses Krieges rückten Maximilians Heerhaufen, mitunter auch der Kaiser selbst, wiederholt über den Paß. Damals verfügte Maximilian eine für das Gebiet bahnbrechende Neuerung; auf seinen Befehl waren acht Postboten „übern Arl gelegt worden", die unter einem Postmeister namens Wendelin Gebs standen und von der Innsbrucker Kammer bezahlt wurden.

Nach Friedensschluß schläft die sinnvolle Einrichtung jedoch wieder ein und mit ihr der Arlberg. Die Straße verfällt, der Transport kommt fast gänzlich zum Erliegen. In einem landesfürstlichen Befehl vom 14. Juli 1522 werden der Pfleger von Landeck und der Vogt zu Bregenz gemahnt, die Straße wiederherzustellen; die Sämer hätten geklagt, sie könnten daselbst nur mit großer Gefahr ihr Gewerbe treiben und müßten „sonderlich ain ganze Tagrais des wegs halben in Paznawn umfaren". Keine Frage, im 16. Jahrhundert erreichten sowohl Zustand wie Bedeutung des Weges über den Arlberg einen Tiefstand.

Nur ein Ereignis in dieser für den „Perg" so tristen Zeit verdient Beachtung: auf dem „Arl" taucht der nachweisbar erste Tourist auf. Es ist dies ein Basler Patrizier namens Leonhard Thurneyßer, ein naturwissenschaftlicher Hobbyforscher, der unter anderem das Arlberggebiet durchstreift und Beobachtungen und Eindrücke in seinem 1572 erschienenen Buch „Pison" niederschreibt: „... also will ich auf dem öbersten Gipffel und der Platten des Adlerbergs anfahen. Und nemlich so hat ein Ursprung Wassers der enden unter St. Christoffel sein ankunft ... und eins theils gegen Abend dem Bretigaw anders theils aber dem Intall zu fleußt, nahendt bey der gegendt, da die vier Herrschaften und Bisthumb zusammen stoßen, nemlich Augspurg, Brixen, Cur und Costniz ..." Tourist Thurneyßer blieb freilich eine Einzelerscheinung. Auch die Goldsucher und Steinkrämer, welche das Arlberggebiet damals durchstreiften, brachten der Region keinen Aufschwung. Auf große Funde dürften sie nicht gestoßen sein; von einem Goldrausch auf dem Arlberg ist nichts bekannt.

Der Berg verschläft auch noch das 17. Jahrhundert. Europa wird vom Dreißigjährigen Krieg geschüttelt. Aber das grauenhafte Geschehen berührt den Paß nur mittelbar. Als die schwedischen Heerhaufen Vorarlberg bedrohen, etabliert die Innsbrucker Hofkammer 1632 eine Poststation am Arlberg, eine Fußpost wird eingerichtet, Pferde für Kuriere werden bereitgestellt. Eine Kompanie Soldaten wird zur Sicherung des Passes abkommandiert. Als die Schweden 1647 Bregenz einnehmen und die Gegend auch landeinwärts unsicher machen, wenden sich viele Flüchtlinge ostwärts über den Arlberg. Dann gibt es endlich wieder Frieden; und damit ist der Paß nicht mehr von Interesse. Mit dem Postverkehr ist es bald vorbei. Das Sämergewerbe ist zum Sterben verurteilt, da mit Ausnahme von Salz kaum mehr Handelsgüter über den desolaten Übergang transportiert werden. Die Anrainer des alten Saumweges verarmen zusehends. Immer mehr Menschen aus der Gegend müssen auf Wanderschaft gehen; der Arlberg ernährt sie nicht mehr.

Erst das merkantile Denken des 18. Jahrhunderts bringt die grundlegende Wende. Handelspolitische und wirtschaftliche Überlegungen rücken den Arlberg von nun an in ein neues Blickfeld.

In Westtirol und Vorarlberg steht die Entwicklung der Textilindustrie an ihrem vielversprechenden Anfang. Von Triest aus nimmt die Baumwolle ihren Weg nach Norden; die Beförderung über den Arlberg wäre vom wirtschaftlichen Gesichtspunkt her die günstigste Lösung. Bezeichnenderweise geht der Anstoß zum Bau einer „Kunststraße" vom geschäftstüchtigen Vorarlberg aus. Der ständische Kassier Johann Georg Fritsch ist besessener Promotor dieser Idee. Ihm gelingt es, die Mehrheit der Landesvertretung für das Projekt zu gewinnen. 1732 wird ein Hofdekret erwirkt, das Erhebungen hinsichtlich Rentabilität und volkswirtschaftlicher Notwendigkeit des Straßenbaus anordnet.

Im Sommer 1733 machte sich Fritsch mit einem Dreimann-Team von Orts- und Sachkundigen daran, die Strecke zu begehen und eine Kostenrechnung zu erstellen. Von Landeck über die Arlberghöh' bis Bludenz maßen sie 34.081 Längenklafter. Der Kostenvoranschlag wurde mit 22.863 fl. und 36 kr. beziffert. Was von dem einstigen Fahrweg noch vorhanden war, befand sich in jämmerlichem Zustand. Ein Großteil der Arlbergstrecke war überhaupt nicht mehr befahrbar, sondern konnte nur mit Saumpferden bewältigt werden.

Obwohl Kaiser Karl VI. dem Projekt zustimmte, zog sich seine Verwirklichung noch Jahre hin. Aus zollpolitischen Erwägungen und gegensätzlichen Geschäftsinteressen wur-

Aus den Jagd- und Fischereibüchern des Kaisers Maximilian, um 1500.

de der Bau der Kunststraße immer wieder hintertrieben. Die großen europäischen Handelshäuser mischten dabei ebenso mit wie die Anrainer des Arlberg, die in einer allzu guten Verbindung über den Paß eine Gefährdung ihrer Eigeninteressen witterten. So kochte denn jeder sein eigenes Süppchen für oder wider den Straßenbau; unterdessen wurden neue Handelswege im Westen und Osten erschlossen; schon bestehende, wie etwa die Simplonstraße, nahmen an Bedeutung zu.

Erst als sich der energische, erneuernde Kaiser Josef II. der Sache annahm, wurde es mit dem Straßenbau ernst. Am 18. Juli 1782 legte der Weg-Inspektor des Viertels Oberinntal, Edmund Hirn, ein Projekt zum Bau einer „15 Schuh breiten Straße" über den Arlberg vor; die voraussichtlichen Kosten bezifferte er mit 124.103 fl. und 20 kr. Hirn wurde mit der Leitung des Baus betraut, und in den folgenden Jahren gingen die Arbeiten relativ zügig voran. Ungeheure Felsmassen wurden gesprengt, Mauern aufgerichtet, Terrain geebnet. 1784 äußerte Josef II. die feste Absicht, sich höchstpersönlich vom Fortgang der Bauarbeiten zu überzeugen; dringender Regierungsgeschäfte wegen mußte er jedoch absagen. Ein Jahr später wurde die Straße eröffnet. Am 27. Dezember 1785 fuhren drei mit Haller Salz beladene Schlitten unter dem Jubel der Bevölkerung über den Arlberg. Auf dem ersten Schlitten flatterte eine Fahne mit dem österreichischen Wappen. An den josephinischen Geschichtsabschnitt des „Arl" und seiner Straße erinnert heute noch eine in Fels geschnittene Inschrift auf der Alpe Rauz.

Während der Tiroler Freiheitskriege zwischen 1796 und 1809 war der Arlberg nicht gerade kriegsentscheidend, aber dank der neuen Straße immerhin kriegswichtig. Die Tiroler erlebten ihr Heldenzeitalter; mit und ohne Hilfe des Hauses Habsburg gelang es ihnen, die Franzosen abzuwehren und die bayrische Fremdherrschaft abzuschütteln. Im Laufe dieses militanten Jahrzehnts diente der Verkehrsweg über den Arlberg den Österreichern wieder einmal als Heeresstraße. Im August des Jahres 1809 zog auch eine feindliche Division Franzosen von Innsbruck kommend über den Paß nach Vorarlberg. Dem Totenregister zu St. Jakob ist zu entnehmen, daß sich die „Arlberger" ins Kampfgeschehen mischten und den Franzosen oberhalb von Stuben ein Gefecht lieferten.

In den folgenden eineinhalb Jahrzehnten wurde die Arlbergstraße mit sogenannten „Kunstbauten" verbessert; sie wurde verbreitert, ihr Gefälle stellenweise vermindert, neue Brücken wurden errichtet, weil man die Straße an gewissen Abschnitten von der Sonn- auf die Schattenseite verlegte, um die Lawinengefahr zu vermindern. 1824 galt die Straße als fertiggestellt. Der Frachtenverkehr nahm ständig zu. Hunderte Wagen, vom Einspänner bis zum schwerbeladenen Vierspänner, passierten jährlich den Paß. Der nötige Vorspanndienst wurde von den angrenzenden Gemeinden besorgt; 1850 zählte man allein in St. Anton 100 Vorspannpferde. In Lagerhäusern beiderseits des Arlberg warteten Baumwoll- und Rohseidenballen, Tabak- und Getreidesäcke, Salz-, Wein-, Öl- und Branntweinfässer auf den Transport über den Arlberg.

Dennoch wäre es falsch, den Personen- und Güterverkehr über den Paß zu dieser Zeit als reibungslos zu bezeichnen. Im Winter kam der Verkehr wegen heftiger Schneefälle oder Stürme oft tagelang zum Erliegen. Frächter und Reisende saßen in den Wirtsstuben von St. Anton, Klösterle oder Stuben und warteten auf Wetterbesserung. War diese endlich eingetreten, mußte erst der sogenannte „Bruch" erfolgen, in der Tat ein mühsames Unterfangen: Hinter einem Vormann, der versuchte, die Straßentrasse zu orten, wühlten sich dreißig, fünfzig und manchmal mehr Schneeschaufler im Gänsemarsch bergan. Hinter ihnen wurden etliche Pferde am Zaum geführt, welche manchmal so tief im Schnee versanken, daß sie erst wieder freigeschaufelt werden mußten. Es folgte der Straßenmeister mit mehreren einspännigen Schlitten, dann erst die ebenfalls einspännigen Post- und Passagierschlitten. Solche „Bruch"-Mannschaften kämpften sich von beiden Seiten den Arlberg hoch in der Hoffnung, einander am Paß zu begegnen. Es gelang nicht immer; Funk war noch lange nicht erfunden, eine Verständigung

Kaiser Josef II. mit dem Großherzog von Toskana. Gemälde von P. Batoni.

Winterreise über den Arlberg, um 1870.

daher unmöglich und ein exaktes Zusammentreffen eher Glückssache.

Im Frühling erfolgte dann der „Eisbruch", worunter man die Räumung der Strecke Pettneu—Klösterle von hartgefrorenen Eis- und Schneekrusten verstand, um den Wagenverkehr zu ermöglichen.

So gesehen ist es auch nicht verwunderlich, daß der damalige Postverkehr über den Arlberg eher zähflüssig wirkt. Von 1829 bis 1831 fuhr nur einmal wöchentlich eine Postkalesche von Innsbruck nach Bregenz; sie benötigte eine volle Woche für die Strecke. Erst ab 1840 verkehrte die Post täglich, und ab 1845 gab es einen durchgehenden Stellwagenverkehr zwischen Innsbruck und Bregenz.

Endlich existierte eine regelmäßige Verbindung zwischen Tirol und Vorarlberg. Aber kaum war sie etabliert, hinkte der „Arl" seiner Zeit schon wieder nach.

Die Eisenbahn begann sich durchzusetzen. Während man über den Arlberg noch mit dem Stellwagen fuhr, hatte Karl Ritter von Ghega bereits den Semmering überschient. 1858 wurde die Bahnstrecke Kufstein—München—Lindau eröffnet. 1859 folgte die Strecke Innsbruck—Kufstein. 1867 ging die Brennerbahn in Betrieb. Damit war Tirol in nord-südlicher Richtung befahrbar. Als 1871 die Pustertalbahn eröffnet wurde, konnte man von Westen her Wien, die Hauptstadt der Monarchie, erreichen. Wieder drohte dem Arlberg das alte Schicksal, umgangen und schließlich vergessen zu werden.

Wohl sprach sich der Vorarlberger Carl Ganahl bereits 1847 für eine Überschienung des Arlberg aus, aber er war seiner Zeit um Längen voraus. Man tat den späteren Präsidenten der Vorarlberger Handelskammer als Utopisten ab. Als der Ausbau des Eisenbahnnetzes zwischen den Kronländern jedoch weiter fortschritt, wurde das Arlbergbahn-Projekt aktuell: Der Vorarlberger Landtag setzte sich für eine Schienenverbindung Tirol—Vorarlberg ein. Durch die rasche Entwicklung des gesamteuropäischen Bahnnetzes bekam die Strecke Arlberg eine gewisse Dringlichkeit; Vorarlberg mußte befürchten, über kurz oder lang überhaupt umfahren zu werden und sich im Abseits zu finden. Endlich wurde das Projekt im Reichsrat behandelt, wo es, seiner vielen Gegner wegen, heftig diskutiert wurde. Die Befürworter behielten die Oberhand; am 13. März 1880 stimmte der Reichstag der Gesetzesvorlage zu. Am 7. Mai gab Kaiser Franz Joseph dem Gesetz seinen Segen, und schon am 16. Mai erging die kaiserliche Anordnung an das Handelsministerium, mit dem Bahnbau zu beginnen. Als eine Delegation Vorarlberger beim Kaiser in Wien vorsprach, um Seiner Majestät für die Sanktionierung des Gesetzes zu danken, versicherte ihnen Franz Joseph, diese sei ihm besonders angenehm gewesen und die Unterschrift habe ihn besonders gefreut.

Grund zur Freude aber hatten vor allem die Menschen im Arlbergbereich, der zu einem Notstandsgebiet geworden war. Die zahlreichen neuen Bahnlinien hatten den Verkehr über den „Arl" so gut wie lahmgelegt. Die Lagerhäuser standen leer, ebenso die Gasthöfe entlang der historischen Route. Die Frächter waren arbeitslos geworden. Pferde, Wagen und Schlitten verloren ihren Wert. Landwirte, welche am einstmals großen Heubedarf verdient hatten, verarmten. Die Zeit der großen saisonalen Auswanderungen hatte begonnen. Viele brotlos gewordene Arlberger zogen als Fremdarbeiter in die Schweiz, nach Frankreich oder Deutschland; ein Großteil von ihnen verdingte sich im Baugewerbe. Im Frühling schwärmten sie aus, im Spätherbst kehrten sie wieder, um daheim von dem zu leben, was sie im Ausland verdient hatten; im nächsten Frühling zogen sie von neuem los. Etliche freilich sahen im heimatlichen Arlberggebiet überhaupt keine Zukunft mehr; sie wanderten ein für allemal aus. Wie triste die Situation der Bevölkerung damals gewesen sein muß, zeigen die Kindesauswanderungen. Wenn es Frühling wurde, bewegten sich ganze Scharen zehn- bis sechzehnjähriger Kinder unter Führung eines oder mehrerer Erwachsener Richtung Bodensee. Man nannte sie die „Schwabenkinder", weil sie sich vor allem dem schwäbischen Ufer des Bodensees zuwandten. Arm wie die Kirchenmäuse kamen sie aus den Tälern um den Arlberg, um sich den Sommer über als Hirten bei den reichen Bauern im Westen zu verdingen und ihren Verdienst im Herbst nach Hause zu tragen. Für viele Familien bedeutete es die einzig mögliche Art von Überbrückungshilfe für den harten Winter.

Daß der Reichsrat bei seinem Pro-Eisenbahnbeschluß nicht sozialpolitisch, sondern rein handelspolitisch gedacht haben mochte, spielte für die Leute um den „Arl" keine Rolle. Für sie war der Bahnbau mehr als ein Segen, er war ihre Rettung. Die Region wußte, was das Projekt für sie bedeutete; in Tirol und Vorarlberg gab es anläßlich des offiziellen Bauauftrags zahlreiche Festakte. Und im Kloster- und Stanzertal waren schon am Tag der Gesetzesverabschiedung die Ortschaften beflaggt.

Der Kostenvoranschlag für den Bau der Arlbergbahn belief sich auf 35,600.000 fl. Frühe Entwürfe hatten eine Überschienung des Arlberg vorgesehen, wobei man die Paßhöhe mittels Zahnradbahn zu überwinden dachte; sie waren längst verworfen worden. Eine Untertunnelung galt als die einzig gangbare Lösung. Auch dafür gab es bereits Pläne, welche nun als Grundlage für den Bau dienen sollten. Detailprojektierungen, Zeitpläne und Koordination des Gesamtprojekts oblagen dem Baudirektor der Arlbergbahn, Ingenieur Julius Lott. Mit der Bestellung Lotts hatte der hiefür zuständige Handelsminister einen guten Griff getan. Der Ingenieur meisterte die gewaltige Aufgabe geradezu genial.

Beispiel eines Profils der um 1820 neu angelegten Trasse über den Arlberg. Aquarell, um 1850.

Tragik am Rande: Julius Lott sollte die Fertigstellung der abenteuerlichen Strecke nicht mehr erleben. Er starb im Jahre 1883 in Wien, erst siebenundvierzig Jahre alt. Am Ostportal des Arlbergtunnels steht ein Denkmal, das man dem verdienstvollen Manne errichtet hat.

Die Gesamtlänge der Arlbergstrecke scheint heute, an ihrer Bedeutung gemessen, gering: Sie betrug 136,6 km. Der Bauabschnitt Innsbruck—Landeck bereitete kaum Schwierigkeiten und war am raschesten fertiggestellt. Er wurde bereits im Juli 1883 in Betrieb genommen. Wesentlich komplizierter gestalteten sich die Arbeiten an der Ostrampe Landeck-St. Anton und an der Westrampe Bludenz-Langen. Wildbäche, Lawinenstriche und tiefe Gräben mußten überwunden werden. Wie glänzend Lott und seinen Mitarbeitern dies gelang, zeigt die immer noch atemberaubende Trisannabrücke am Eingang zum Paznauntal. Selbst im Raketenzeitalter fällt es schwer, sich dem Eindruck dieses inzwischen er-

Kirche von Klösterle, im Hintergrund die neue Arlbergbahntrasse mit Wäldeletobel-Brücke, um 1890.

Holzgerüst für die Wäldeletobel-Brücke, um 1882.

neuerten, technischen Brückenwunders zu entziehen. Das Sensationellste am Bau der Arlbergbahn ist bis heute freilich der 10,250 km lange Tunnel selbst.

Am 14. Juni 1880 erfolgte an der Ostseite der erste Spatenstich. Ein feierlicher, spannender, für viele ergreifender Augenblick, der eine gewisse heitere Note erhielt, als sich eine alte Frau in den Festakt mischte: Sie war zu Fuß über den Arlberg gekommen und trottete müde die Straße nach St. Anton bergab, als sie unter sich an einer Felswand eine Menschenansammlung bemerkte. Was sie denn hier machten, schrie das Frauerl hinunter. „Sie graben ein Loch durch den Arlberg, daß man bis nach Langen fahren kann", rief einer hinauf. „Ha!" kreischte die Alte so laut sie konnte, „dös nützt enk nicht! Geht's hoam, geht's hoam, ös narrische Leut!"

Doch die „narrischen Leut" gruben sich erfolgreich durch den Berg. Vier Jahre nahmen die Bauarbeiten in Anspruch. Im Durchschnitt lag die Zahl der Beschäftigten bei 2700, im Herbst 1883 erreichte sie mit 4685 Mann ihren Höchststand. Das Interesse am Tunnelbau ging weit über den unmittelbaren Einzugsbereich des Arlberg hinaus. Erzherzöge und Minister, Wissenschafter und Techniker aus dem In- und Ausland reisten an, um den Bau zu besichtigen. Selbst der Kaiser ließ es sich nicht nehmen, in den Stollen einzufahren. In einer Liste von „Hohen und Allerhöchsten Personen", die über den Arlberg reisten, heißt es unter anderem: „Am 11. August 1881 besichtigte Se. Majestät Kaiser Franz Joseph bei seiner Rundreise durch Baiern, von Bregenz kommend die Baufortschritte im Westtunnele und nach der Fahrt über Arlberg den Osttunnel, drang in demselben bis zu 1000 m vor, an welcher Stelle ein weißer Marmorstein dieses Ereignis mit goldenen Lettern für alle Zeiten bestätigt. Höchstderselbe eröffnete unter innigstem Freudenjubel den neuerbauten Schießstand mit zwei wohlgezielten Schüssen und fuhr nach Landeck zum Nachtlager weiter."

Tunnelbohrmaschine beim Bau des Arlbergbahntunnels, 1881.

Westportal des Arlbergbahntunnels, 1881.

Am 13. November 1883 um 15.30 Uhr erfolgte der Durchschlag. Das erstaunlich rasche und exakte Zusammentreffen beider Mannschaften zeigt, mit welchem Know-how, mit welcher Präzision und technischer Phantasie die Tunnelbauer gearbeitet haben müssen. In Anwesenheit des Handelsministers Baron Pino fand am 19. November, dem Namenstag der Kaiserin Elisabeth, die offizielle Durchschlagfeier statt. Von beiden Seiten des Stollens fuhren geschmückte Wagen mit den Festgästen ein. Es regnete Orden, Verdienstkreuze und eigens für den Anlaß geprägte Gedenkmünzen: Über einem Tunnelportal berühren sich die Hände zweier allegorischer Frauenfiguren, Tirol und Vorarlberg darstellend, darunter ein Schriftband mit den Worten „Ehre der Arbeit".

Ein Lob der Arbeit war in der Tat berechtigt. Um mehr als ein Jahr unterschritten die Bautrupps die geplante Fertigstellung der Arlberglinie. Am 6. August 1884 rollten die ersten Lastzüge durch den Tunnel. Am 20. September 1884 fand die feierliche Eröffnung der Gesamtstrecke durch den Kaiser statt. Die Entourage Franz Josephs umfaßte mehrere Mitglieder des Kaiserhauses, den Ministerpräsidenten Graf Taaffee und zahllose Würdenträger. Und mittelbar blickte an diesem Tag wohl die gesamte Monarchie auf den „Arl", als der Kaiser das Loch im Berg mit den Worten würdigte: „Ich sehe hier ein Werk vollendet, an dem sich in überraschend kurzer Zeit die erfindungsreiche geistige Kraft und vaterländische Arbeit zum Ruhme und zur Wohlfahrt des ganzen Reiches in glänzender Weise bewährt hat. Was sich bei Meinem letzten Besuch vor drei Jahren nur hoffen ließ, ist in Erfüllung gegangen und die westlichste Grenzmark tritt nun ein in die kürzeste und rascheste Verkehrsverbindung mit allen Teilen des Reiches sowie sie mit ihnen seit Jahrhunderten durch Bande der Loyalität und Treue verbunden war und auch Meinem väterlichen Herzen jederzeit mit ihnen allen gleich nahe stand."

Die Verbindung Tirols und Vorarlbergs zu „ebener Erde"

Ostportal des Arlbergbahntunnels, 1890. Links die Eisenbahnersiedlung.

„Vor der legendären Scheidewand." Zeitgenössische Illustration der Durchschlagfeier im Arlbergtunnel am 19. November 1883.

Der Bahnhof von Langen, 1884. Im Hintergrund der Arlbergtunnel.

Teilnehmer des Automobil-Rennens Paris—Wien im Jahre 1902 kurz vor der Paßhöhe.

brachte es mit sich, daß der Paß über den Arlberg seine Bedeutung wieder einmal verlor. Personen und Güter querten den Berg unterirdisch; nur wer unbedingt mußte, benützte die alte Straße. Das schnellebige technische Zeitalter zog den „Arl" jedoch nur kurzfristig aus dem Verkehr. Der Eisenbahn folgte das Automobil.

Noch vor der Jahrhundertwende knatterten erste Wagen über Alpenpässe. 1902 fand ein Automobilrennen Paris—Wien statt, als dessen schwierigste Etappe die Fahrt über den Arlberg galt. Am 28. Juni keuchten die „Boliden" über den Paß, es gab einige Unfälle, Wagen Nr. 218 kollerte auf eine Wiese und wurde demoliert. Aber schon damals feierte die Presse Triumph und Möglichkeiten des neuen Vehikels: „Die Strecke Langen—St. Anton *über* den Arlberg (insgesamt 14,8 km, 8,2 km Steigung und 6,6 km Gefälle) wurde von dem ersten der Automobilisten in 19 Minuten befahren, der Schnellzug der Arlbergbahn *durch* den Berg bedarf so ziemlich derselben Zeit von einem zum anderen der obengenannten Orte. Dieses Vorkommnis beleuchtet den Wert und die Bedeutung des allerdings noch kostspieligen Verkehrsmittels."

Es waren prophetische Worte; das Auto als Massenverkehrsmittel trat zu einem weltweiten Siegeszug an. Wenige Jahrzehnte nach der denkwürdigen Rallye Paris—Wien gab es auf dem Arlberg bereits bedenkliche Verkehrsstaus. Es mußte etwas geschehen, um die geplagte Verkehrsader zu entlasten, und man entschloß sich, ein knappes Jahrhundert nach dem Bau des Bahntunnels, zu einer neuen technischen Großtat: Am 5. April 1974 erfolgte der Anschlag zum Arlberg-Straßentunnel.

Er wurde zu einem der kostspieligsten Bauunternehmen der Zweiten Republik. Insgesamt verschlang das zweite Loch durch den Berg 4,82 Milliarden Schilling. Der Haupttunnel ist mit 13,972 km Österreichs längster Straßentunnel. 1100 Mann waren im Schichtbetrieb am Bau beschäftigt. Letzte technische Erkenntnisse wurden angewendet und für Sicherheitseinrichtungen und Entlüftung eingesetzt. 48 Fernsehkameras überwachen den Verkehr, 40 Ampelanlagen steuern ihn. Temperaturanstiege werden vollautomatisch registriert und gemeldet, Brandalarm wird automatisch ausgelöst. Am 1. Dezember 1978 wurde dies Wunderwerk neuester Technik durch Österreichs Bundespräsidenten Rudolf Kirchschläger eröffnet und dem Verkehr übergeben.

Zwei Löcher im Berg — Tore zwischen Ost und West, Hauptschlagadern des europäischen Verkehrsnetzes. Und darüber der alte „Perg", auf dem immer noch Krummföhren wachsen, auf dem immer noch die Lawinen niedergehen, der immer noch seine eigene Geschichte schreibt: Anfang unseres Jahrhunderts hat mit dem Schisport ein neues Kapitel begonnen.

Flexenstraße anno 1904.

KLEINE ARLBERGKUNDE
Von Landschaft, Orten und Leuten

Topographisch gesehen ist der Arlberg gar kein Berg, sondern bestenfalls ein zu einem Paß ansteigendes, hochgelegenes Tal. Von Osten her betrachtet beginnt es beim sogenannten „Kalten Eck", das etwa eine Gehstunde oberhalb von St. Anton liegt. Ziemlich sachte steigt es Richtung Norden bis St. Christoph an, schwenkt nach Nordwesten auf den zwischen Lechtaler Alpen und Verwallgruppe gelegenen, 1802 m hohen Paß zu und mündet ins Klostertal, das westwärts in Richtung Bludenz verläuft.

Dieses kleine Stück Weg hat freilich einem ganzen Gebiet seinen Namen gegeben. Es handelt sich dabei um ein Dreieck, dessen Schenkel im Südwesten das Montafon, im Südosten das Paznaun und im Norden die Lechtaler Alpen bilden. Wie ein Riegel hockt das Arlberggebiet am westlichen Ende der Ostalpen. Es ist eine Art tektonisches Paradoxon, steht es doch praktisch im rechten Winkel zum mächtigen Längstalzug der Alpen, der sich vom Arlberg ostwärts erstreckt und die nördlichen Kalkalpen vom Urgestein der Zentralalpen trennt.

Überdies ist der Arlberg Zentrum eines klimatischen Übergangsgebietes, welches kontinentalen Einflüssen des Ostens, vor allem aber den maritim bedingten Wetterschwankungen des Westens unterworfen ist. Und er ist Wasserscheide zwischen Inn—Donau—Schwarzem Meer einerseits und Ill—Rhein—Nordsee andererseits.

Auf dem Arlberg verläuft die Grenze zwischen Tirol und Vorarlberg. Aber der Berg, der eigentlich keiner ist, trennt mehr als bloß zwei Bundesländer. Er trennt, grob gesprochen, auch zwei Volksgruppen.

Woher die urgeschichtliche Bevölkerung Tirols und Vorarlbergs stammt und welchen Völkern sie zuzurechnen ist, läßt sich nur vermuten. Wahrscheinlich stellt sie eine Mischung aus Illyrern und oberitalienischen Stämmen dar, die sich in die Alpen geflüchtet hatten. Funde aus Bronze- und Eisenzeit, insbesondere der Hallstattperiode, und keltische Spuren aus der Zeit um 400 v. Chr. deuten darauf hin, daß in diesem Teil der Alpen mit seinen natürlich vorgegebenen Ost-West- und Nord-Südverbindungen eine ständige Fluktuation geherrscht hat. Die Römer jedenfalls nannten das Volk, das sie hier antrafen, die Räter. Rätien hieß ihre Provinz, in welcher sie die 15 v. Chr. eroberten Alpengebiete zusammenfaßten; und Rätoromanen wurden die Alpenbewohner, als sie Kultur und Sprache der Besetzer angenommen hatten. Aus einem Guß waren sie also nie. Nach dem Ende der Römerherrschaft widerfuhr den Rätoromanen dies- und jenseits des Arlberg ein zwar gleiches Schicksal, aber mit unterschiedlichen Auswirkungen.

Im Zuge der Völkerwanderung wurden Tirol und Vorarlberg von Germanenstämmen überrannt. In Tirol waren es vor allem Bajuwaren und Alemannen — erstere im Osten, letztere im Westen des Landes —, die den Typus des alten Räters verwischten. Diese Entwicklung war jedoch von Talschaft zu Talschaft verschieden. In manchen geschlossenen Tälern gelang sie nur wenig oder gar nicht. Paradebeispiel hiefür sind die Ladiner, direkte Nachfahren der Rätoromanen, die die Täler um den Sellastock bewohnen und sich sogar ihre Sprache bis auf den heutigen Tag bewahren konnten. Die augenfällige Differenziertheit der Tiroler Bevölkerung ist also nicht zuletzt auf geographische Gege-

Auf der Paßhöhe.

Wasserscheide Arlberg zwischen Nordsee und Schwarzem Meer

Trachten aus dem Paznauntal und Stanzertal, 19. Jh.

Klostertaler Trachten, 19. Jh.

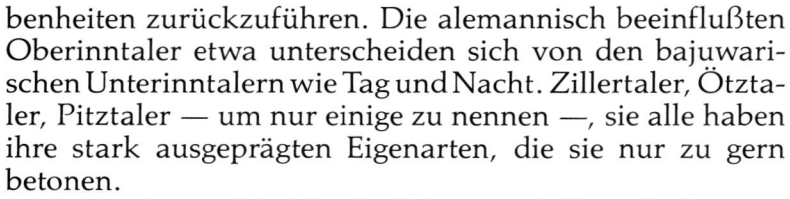

benheiten zurückzuführen. Die alemannisch beeinflußten Oberinntaler etwa unterscheiden sich von den bajuwarischen Unterinntalern wie Tag und Nacht. Zillertaler, Ötztaler, Pitztaler — um nur einige zu nennen —, sie alle haben ihre stark ausgeprägten Eigenarten, die sie nur zu gern betonen.

Die Menschen auf der Tiroler Seite vom Arlberg dürften am ehesten mit den Oberinntalern vergleichbar sein; da sich das Stanzertal in Richtung Innknie bei Landeck öffnet, ist eine natürliche Verbindung vorgegeben. Der Oberinntaler ist rauher und ernster als sein Unterinntaler Nachbar. Er besitzt einen scharfen Verstand und ist musisch begabt, woraus sich die verhältnismäßig große Zahl von Wissenschaftlern und Künstlern aus dieser Region erklärt. Arme Leute fromme Leute, heißt ein altes Sprichwort, dessen Richtigkeit die Oberinntaler bestätigen. Ein stark entwickelter Rechtssinn zeichnet allerdings nicht nur die Oberinntaler aus. Noch heute kommt es in Tirol häufig vor, daß Verträge mit bloßem Handschlag geschlossen werden. Umgekehrt kämpft der Tiroler bis zum letzten, wenn er sich in seinem Recht verletzt fühlt. Um den Fleiß hingegen ist es weniger gut bestellt. „Wenn der Bauer nicht muß, rührt er weder Hand noch Fuß", heißt es in Tirol. In überwiegend bäuerlichen Gemeinden ist diese Einstellung bis auf den heutigen Tag zu beobachten. Man arbeitet, um den Lebensunterhalt bestreiten zu können. Ertragssteigerung und Gewinnstreben ist im allgemei-

nen des Tiroler Bauern Sache nicht. Seine Liebe zur Scholle aber ist extrem stark entwickelt. Der Tiroler liebt sein Land wie sich selbst. Ein tiefsitzendes Mißtrauen gegen alles Fremde ist vor allem bei Bewohnern geschlossener Täler zu beobachten. Paradoxerweise hat es sich im klassischen Land des Fremdenverkehrs bis in die Gegenwart erhalten. Auch wenn die Tiroler die Schönheit ihrer Dörfer und der Landschaft bis an die Grenzen des Erträglichen vermarkten, als „Gäste" bezeichnen sie die gesuchten Touristen selten. Da heißt es immer noch: „Die Fremden kommen!" Tirol ist ein Land der Nuancen, der Schattierungen. Äußere Einflüsse haben sich hier innerhalb der Bevölkerung von jeher unterschiedlich ausgewirkt und sie in ihrer Vielfalt geprägt.

In Vorarlberg entwickelten sich die Dinge anders. Hier läßt sich eine einheitliche Prägung der Bevölkerung deutlich erkennen. Im 5. Jahrhundert nach Christus strömten die Alemannen in das flache, weite, ziemlich menschenleer gewordene Gebiet um den Bodensee ein. Langsam begann die Germanisierung dessen, was hier von der alten rätischen Provinz der Römer übrig war. Dieser Prozeß verstärkte sich noch mit Beginn der fränkischen Herrschaft. Die staatliche Verbindung zum Süden war ein für allemal gelöst; unaufhaltsam schoben sich die alemannisch-fränkischen Siedlungen von Norden her landaufwärts. Im großen und ganzen haben wir es hier mit einer homogenen Bevölkerung zu tun. Ende des 13. Jahrhunderts wurde den Vorarlbergern durch

Blick auf Schindlerspitze und Valluga, Arlberg

den Zuzug der Walser noch einmal ein Licht aufgesetzt. Die Walser sind in mehrerer Hinsicht bemerkenswert: Sie waren Bauern alemannischen Ursprungs mit Freizügigkeitsrecht und siedelten im oberen Wallis, daher der Name Walser. Nachdem ihnen die Siedlungs- und Söldnerpolitik der Feudalherren ihr Dasein im obersten Rhonetal vergällt hatte, folgten sie dem Werben der Vorarlberger Grafen von Montfort und Werdenberg und zogen in die menschenleersten, gebirgigsten, waldreichsten Gegenden der Herrschaft; an den Quellen des Lech, der Ill, der Bregenzer Ache ließen sie sich nieder. Sie erhielten eigene Gerichtsbarkeit, mäßige Steuern, und zum Waffendienst waren sie ihren Herren nur in inneren Kriegen verpflichtet. Mit der ihnen eigenen Arbeitsamkeit, Sparsamkeit und Härte brachten es die kinderreichen Walser in den gottverlassenen Gegenden rasch zu Wohlstand und breiteten sich aus. Das Große und das Kleine Walsertal tragen ihren Namen und der Menschenschlag an der Westflanke des Arlberg ist weitgehend von ihnen geprägt. Noch heute wird man die Nachkommen der wackeren Walser an ihrem bekannt praktischen Sinn, ihrer Reinlichkeit, ihrem Fleiß und an den gesicherten materiellen Umständen erkennen. Die Walser haben also den Typus des Vorarlbergers weder ethnographisch noch temperamentsmäßig verändert. Im Gegenteil — vorhandene

Blick vom kalten Eck mit Pateriol

Eigenschaften wurden durch sie noch verstärkt. Sehr verallgemeinernd läßt sich vom Vorarlberger sagen: Verstand, Erwerb und Besitz veranschlagt er höher als Phantasie, künstlerische Begabung und Abenteuerlust.

Die Verschiedenheit von Tirolern und Vorarlbergern wurde noch durch einen weiteren, geschichtlich bedingten Umstand verstärkt. Östlich des Arlberg waren im Landtag neben Bürgern und Bauern von jeher auch Adel und Geistlichkeit vertreten. Westlich des „Arl" gab es in den alten Landtagen nur Bürger und Bauern. Vaterlandsliebe, Gerechtigkeitssinn und Sinn für Häuslichkeit nehmen im Leben des Vorarlbergers breiten Raum ein; hierarchisches Denken ist ihm fremd. Sein Freiheitsbegriff ist ein satter, selbstbewußter, ähnlich dem der Schweizer. In Tirol klingt „Freiheit" immer etwas wild und hochfliegend. Was den Tiroler bewegt, läßt sich am Ende stets auf sein gesteigertes Bedürfnis nach innerer oder äußerer Freiheit zurückführen; Freiheit ist ihm unter allen Umständen unabdingbar und bleibt letztlich sein einziges Ideal.

ten „Arl" hat man sich im Osten wie im Westen bemüht und verdient gemacht. Im Laufe der Zeit ist eine Art Arlbergsolidarität entstanden, die über bloße materielle Interessen hinausgeht. So ist es weder Zufall noch ein Akt der Zweckmäßigkeit, wenn droben in St. Christoph die Landesfahnen Tirols und Vorarlbergs einträchtig nebeneinander flattern.

Die Arlberger Schicksalsgemeinschaft teilen im Osten die Orte *Pettneu*, *St. Jakob* und *St. Anton am Arlberg*. Westlich des Passes sind es *Stuben*, *Langen* und *Klösterle* sowie die beiden jenseits des Flexenpasses gelegenen Orte *Zürs* und *Lech*. Genaugenommen sind letztere dem Tannberg zuzurechnen. Den Zusatz „am Arlberg" nahmen sie erst Mitte der dreißiger Jahre an. Wenn die „Urarlberger" auch manchmal sticheln, die Zürser und Lecher hätten es bloß aus Imagegründen getan, weil sich der Arlberg eben besser verkaufe, hat die Spezifikation „am Arlberg" doch faktische Berechtigung. Durch den Ausbau der Flexenstraße sind sie mit dem „Arl" kurzgeschlossen und seinem Gebiet zuzurechnen.

> **4. Stantzertal** (Stanzerthal).
> In demselben tal ligt ein pirg an der rechten handt/so man hinein zewcht/haist im Stanntzertal/stößt morgenshalben an Slännerpach (Schnanerbach) und abentshalben an Arlperg (Arlberg). Daran find man gewöndlich albeg wol hirschen. Und dasselb wiltpret hetzt man sonnenhalben am Arlperg. Und flücht herab zu Sand Jacob (St. Jakob) an die Trysana (Rosanna). Flücht auch under dem dorff Podnew (Pettneu) auch an Trysana. An denselben enden da legt man auch schützen und windwart. Und das ist auch ein guts/(f. 47) lustigs hirschgiaid für den landsfürsten/dann das wol wiltpret und lustige hetz hat/auch wol daran mitrennen mag.

Aus den Jagd- und Fischereibüchern des Kaisers Maximilian, um 1500.

Im Grunde ist es schwer zu begreifen, daß 1800 Meter Seehöhe und eine simple Landesgrenze die Wirkung einer chinesischen Mauer haben; daß sich Temperamente und Dialekt, Lebensformen und Lebensgefühl in zwei aneinandergrenzenden Gegenden ganz unterschiedlich entwickeln konnten.

Aber der „Arl" ist in mehrfacher Hinsicht ein paradoxer Berg. Was er großräumig so rigoros trennt, schweißt er auf seinem eigenen Rücken zusammen. Allzu ähnliche Lebensbedingungen hat er seinen Bewohnern aufgezwungen, als daß sie sich wesentlich voneinander zu unterscheiden vermöchten. Lawinen, Muren, Steinschläge läßt er unbesehen der Landesgrenze niedergehen: sie sind für Vorarlberger und Tiroler am Berg gleichermaßen katastrophal. Gute oder schlechte Schneelage wirkt sich auf die Existenz der St. Antoner ebenso aus wie auf die der Leute von Stuben oder Lech. Um irdische und unterirdische Verkehrserschließung des al-

Wenige Höhenmeter unter dem Paß, auf tirolischer Seite, liegt *St. Christoph*. Unter allen Ortschaften am Arlberg nimmt diese insofern eine Sonderstellung ein, als sie ein Stück des Berges selbst ist und nur im gleichen Rhythmus mit ihm atmen kann.

Wenn man von Osten kommend das Stanzertal aufwärts fährt, trifft man — als die erste der „Arlberggemeinden" — auf die 1217 m hoch gelegene Ortschaft *Pettneu*. Fairerweise muß vermerkt werden, daß auch Pettneu erst seit 1955 das Prädikat „am Arlberg" trägt. Davor war es talauswärts, zum sonnigen Stanz hin, orientiert gewesen. *Stanz*, als „Stanuz" 1150 erstmals erwähnt und seit der frühen Bronzezeit besiedelt, liegt gegenüber von Landeck am Eingang des Stanzertales. Ihm verdankt das Flußbett der Rosanna, die sich etwa in der Höhe von Tobadill mit der Trisanna zur schlichten Sanna vereinigt, seinen Namen. Der Name Pettneu taucht erstmals um 1300 als „Pudnew" auf. Die Bezeichnung dürfte

St. Anton am Arlberg, um 1890. Rechts entstehen die zwei „Planien" aus dem Tunnelausbruch-Material.

sich von „ponte novu" (neue Brücke) ableiten. Im 14. Jahrhundert wird die Kapelle zu „Pudneu" als Teil der Urpfarre Stanz genannt. Zur Gemeinde Pettneu zählte bis 1964 die etwas östlich gelegene Ortschaft *Schnann*; auf Grund einer Volksabstimmung entschied sich die überwiegende Mehrheit der Einwohner für eine Gemeindeteilung. Der Name Schnann wird aus dem Romanischen abgeleitet und bedeutet soviel wie Waldblöße. In Pettneu und Schnann wurde jahrhundertelang das Gewerbe der Schellenschmiede betrieben. In Schnann gibt es noch heute einen Schellenschmied. Um den sogenannten „Schnanner Drajer", einen Zauberer, der angeblich als büßender Einsiedler verstarb, ranken sich unzählige Sagen und Geschichten. Historisch verbürgt hingegen ist die Tatsache, daß der berühmte, in Stanz geborene Baumeister Jakob Prandtauer, der u. a. das Stift Melk erbaute, bei Meister Georg Asam zu Schnann in die Lehre ging. Prandtauers Neffe und Nachfolger, der Baumeister Josef Munggenast, wurde in Schnann geboren. Auch Pettneu hat übrigens seine „großen Söhne": den Orgel- und Klavierbauer Johann Georg Gröber etwa, der zeitweise Klavierstimmer bei Ludwig van Beethoven war und von diesem „der schwarze Tiroler" genannt wurde; und die Bildhauer Josef Anton Wolf und Josef Cassian Miller.
In Pettneu stand einstmals ein Turm, der dem Geschlecht der

St. Jakob am Arlberg, um 1910, Blick taleinwärts. Der Kirchturm und die umliegenden Häuser sind 1943 abgebrannt.

27

St. Anton am Arlberg, um 1900. Blick über das Oberdorf talauswärts.

Überrheiner gehörte, und da die Familie Überrhein eine wesentliche Rolle im Leben Heinrich Findelkinds spielte, sei er hier besonders vermerkt: Als die Appenzeller 1406 arlabwärts marschierten, dürften die Überrheiner so ziemlich die einzigen gewesen sein, die ihnen Widerstand leisteten. Offenbar vergebens, denn der Überlieferung nach wurde Jakob Überrhein, gleichnamiger Sohn von Findelkinds einstigem Dienstherren, an einem Fenster des Turms aufgehängt. Den Turm selbst zerstörten die Appenzeller bis auf die Grundmauern.

Rund 80 Seemeter höher als Pettneu liegt *St. Jakob* an der alten Arlbergstraße. Das Dorf gehört heute zur Gemeinde St. Anton, wiewohl es von beiden Siedlungen die wesentlich ältere ist. Bereits im 13. Jahrhundert dürfte es hier eine Kapelle gegeben haben, die dem hl. Jakob geweiht war. Zur Zeit Heinrich Findelkinds besaß St. Jakob jedenfalls schon eine Seelsorge. Die prächtige Rokokokirche des Dorfes aus dem späten 18. Jahrhundert gilt als eine der schönsten Tirols. Auch dieses kleine Dorf kann auf seine eigenen Musensöhne verweisen: Die Brüder Pitterich, beide Barockbildhauer, und der Heimatschriftsteller Alois Gfall wurden in St. Jakob geboren.

Wenn man sich vor Augen hält, wie bedrückend die Landschaft des oberen Stanzertales wirkt, ist die relativ reiche

Schützenkompanie und Musikkapelle von Nasserein, 1901.

künstlerische Begabung seiner Bewohner bemerkenswert. Die Theorie, daß das Auge Weite braucht, wenn sich die Seele entfalten soll, trifft hier offenbar nicht zu. Der Lebensbereich, den Berge, Bach und die alte Straße den Menschen einräumen, ist eng. Wenig Sonne für die kargen Wiesen und die kleinen Dörfer, auf der anderen Seite des Flußlaufs tiefe Schatten, unzugänglicher Wald und Fels. Mag sein, daß gerade die äußere Beengtheit so manchen Stanzertaler auf die Schrankenlosigkeit der eigenen Phantasie verwiesen hat. Erst als sich mit Beginn unseres Jahrhunderts der Schilauf entwickelte, gewannen die beengenden Berge räumlich eine neue Dimension: Dem Schiläufer vermitteln sie ein fast irreales Gefühl der Weite und Freiheit. Die jungen Männer aus dem Stanzertal wurden glänzende Schiläufer, zwei Bretter an den Füßen ihr Flügelersatz. In den vergangenen achtzig Jahren produzierte die Region außergewöhnliche Spitzensportler, aber kaum mehr hervorragende Künstler. Ein ursächlicher Zusammenhang ist selbstverständlich nicht nachzuweisen, aber es macht fast den Eindruck, als habe der Sport die Phantasie verdrängt.

Weiter flußaufwärts, knapp hinter St. Jakob, liegt *St. Anton* auf 1290 m Seehöhe. Auch dem Ortsunkundigen wird klar, daß er sich hier am Fuß des Arlberg befindet. Das Portal zum Arlbergbahntunnel öffnet sich direkt hinter dem Ortskern. Bahnschranken, Express- und Lastzugverkehr sind in St. Anton Bestandteile des täglichen Lebens. Der Bahnhof liegt mitten im Ort, um ihn scharen sich die großen alten Hotels. Im Winter klappern täglich viele hundert Schiläufer über den zentral gelegenen Bahnübergang vor dem Tunneleingang, um zu den Seilbahnen dies- und jenseits der Rosanna zu gelangen. Seltsamerweise ist es ausgerechnet dieser Schienenstrang, der St. Anton einen eigenen Charme verleiht; und manche Nostalgiker werden es bedauern, wenn — wie man hört — die Bahn bereits vor dem Ortsschild unter die Erde verlegt werden soll. Denn Zugreisende, die St. Anton passieren, pflegen nahezu wehmütig das Schitreiben auf den nahegelegenen Hängen und das Leben im Ort zu betrachten; viele juckt es, auszusteigen und zu bleiben. Die St. Antoner Feriengäste wiederum nehmen das Warten am Bahnschranken ganz gerne hin; die meisten sind froh, selbst noch nicht im Zug zu sitzen und heimreisen zu müssen. Überdies erweckt der Anblick des Tunnels das unterschwellige Gefühl, vor einer einmaligen technischen Pionierleistung zu stehen. Mag man es noch so oft gesehen haben, das „Loch im Berg" ist immer wieder faszinierend.

Der Name St. Anton scheint im späten 17. Jahrhundert auf, als an der Stelle eines alten Bildstockes eine Kirche zum hl. Antonius (die heutige Pfarrkirche Mariahilf) erbaut wurde. 1710 erfolgt die Erhebung zur Kaplanei, 1932 wird die Kirche nach Plänen von Clemens Holzmeister erweitert. Das heutige St. Anton ist von Hotels und Pensionen geprägt und besitzt nur wenige historisch interessante Bauten: so das gotische Thöny-Haus, welches ehemals Salzzollstelle und Zeughaus für die im Steißbachtal betriebenen Silberbergwerke war; und der mit Renaissancefresken geschmückte „Schwarze Adler", der zum Teil aus Steinen der Arlenburg erbaut ist.

Die Burg Arlen stand auf dem Arlenhügel in Nasserein, einem Weiler auf halbem Weg zwischen St. Anton und St. Jakob. Diese einstige Grenzfeste der Grafen von Tirol befand sich im Besitz der Überrheiner, als sie 1406 — ebenso wie der Turm zu Pettneu — von den Appenzellern zerstört wurde. Von der stolzen Arlen- oder Arlburg, in der Heinrich Findelkind Aufnahme fand und jahrelang gelebt hat, sind nur mehr spärliche Mauerreste übrig.

Nasserein ist ein Ortsteil von St. Anton und dürfte zu Findelkinds Zeiten noch gar nicht existiert haben. Im ausgehenden 18. Jahrhundert bildeten die beiden Orte St. Anton und

St. Anton am Arlberg, Teilansicht, um 1900.

St. Jakob die Gemeinde „Stanzertal". 1811 wurde diese Gemeinde auf „St. Jakob" umgetauft, was darauf hinweist, daß St. Anton damals noch eher bedeutungslos war. Mit dem Ausbau der Arlbergstraße wurde der Postverkehr immer wichtiger, und da sich die Poststation in Nasserein befand, nannte man die Gemeinde kurzerhand „Nasserein". Erst als die Arlbergbahn gebaut wurde, verlagerte sich das Schwergewicht zunehmend nach St. Anton, das mit wachsender Entwicklung des Fremdenverkehrs vollends in Führung ging; seit 1927 trägt die Gemeinde, welche die Ortschaften St. Anton (mit dem Weiler St. Christoph) und St. Jakob umfaßt, offiziell den Namen „St. Anton am Arlberg".

Im hübschen St. Antoner Schi- und Heimatmuseum werden Geschichte und Gegenwart der Region übrigens höchst anschaulich dokumentiert.

Die Ortschaft *Langen* ist das verkehrstechnische Visavis von St. Anton auf Vorarlberger Seite und liegt im oberen Klostertal auf 1218 m. Verkehrstechnische Einrichtungen sind es auch, die das Ortsbild von Langen prägen. Hier liegt das Westportal des Eisenbahntunnels und die Einfahrt für den Arlberg-Straßentunnel. Während es in St. Anton glückte, die Mautstelle ortsfern zu errichten, sind in Langen Zu- und Abfahrtsrampen, Ampeln und eine Garage dominierender optischer Eindruck. Verkehr ist der eigentliche Daseinszweck des kleinen Ortes. Hier kommt man an, hier fährt man ab. Reise- und Güterverkehr rollen nicht *nach*, sondern *über* Langen. Im Kreis der übrigen attraktiven „Arlberggemeinden" nimmt es sich wie ein Stiefkind aus; aber ohne es würde der komplizierte Verkehrsmechanismus dieses Gebietes nicht funktionieren.

Langen gehört, ebenso wie das Dörfchen Stuben, zur Gemeinde *Klösterle*. Und Klösterle gab dem Tal seinen Namen. Jener Graf Hugo von Montfort nämlich, der 1218 den „Arl" erstmals schriftlich erwähnte, wünschte in seiner Stiftungsurkunde ein Johanniterhaus mit „Kapellen im St. Marienthal und dem Walde, der sich an den Arle anschließt", so der Wortlaut der Montfort'schen Schenkung. Aus einer der Kapellen im Marienthal entwickelte sich ein Kloster mit Hospizfunktion, das sogenannte „Klosterlin" oder „Klösterle". Die Johanniter rodeten den umliegenden, von Montfort geschenkten Wald und so entstand eine Siedlung, die seit der Mitte des 14. Jahrhunderts gleichfalls als „Klösterle" bekannt ist. Mit der Zeit geriet die alte Bezeichnung Marienthal in Vergessenheit und das Tal wurde zum Klostertal.

Auf 1407 m Seehöhe, im obersten, extrem lawinengefährdeten Teil des Klostertals, liegt das Haufendorf *Stuben*, das seinen Ursprung vermutlich ebenfalls Hugo Montforts Stiftung verdankt. Der Graf wollte „Kapellen" errichten sehen, und im heutigen Stuben gibt es — vermutlich seit 1218 — eine Marienkapelle. Der Name „Stuben" läßt sich schlicht und einfach auf das Wort Stube — wahrscheinlich eine Stube mit Schankrecht — zurückführen. Denn man darf nicht vergessen, daß die Kapelle für die Verhältnisse der damaligen Zeit am äußersten Rand der Zivilisation stand. Die Notwendigkeit einer Unterkunft war also dringend gegeben. Zur Zeit der Doppelmonarchie hieß das eng zusammengebaute Dörfchen im Volksmund „des Kaisers größte Stuben". Groß war es damals freilich nicht; und groß ist der heutige Wintersportort gottlob nie geworden. Hier ist noch ein Hauch des 19. Jahrhunderts zu verspüren, als die alte Paßstraße und der gefährliche „Arl" das Leben der Stubener restlos bestimmten. Bis zur Fertigstellung der Arlbergbahn fuhren hier täglich Postwagen und vier- bis sechsspännige Lastfuhrwerke durch. Der schöne, 1608 erbaute Gasthof zur „Alten Post" war ständig belebt. Als der letzte Postwagen über den Arlberg fuhr, waren die Rosse schwarz geschirrt, und der Postillion trug einen Trauerflor am Hut. Ganz Stuben war damals auf der Straße, um dem Postwagen nachzuwinken. Als der Postillion sein Abschiedslied blies, wurden den Stubenern die Augen naß. Sie wußten, daß sich vorerst die Zeiten für sie zum Schlechteren wenden würden. Wenige Jahre später, am 24. Juni 1890, wurde in Stuben Hannes Schneider geboren. Im Dörfchen konnte man nicht ahnen, daß Hannes als der größte Schipionier des Arlberg zu Weltruhm gelangen würde.

Oberhalb von Stuben zweigt die *Flexenstraße* nach Zürs und Lech ab. Die Geschichte dieser Straße ist für die Region von eminenter Bedeutung. Ehe 1895 mit dem Bau der Straße begonnen wurde, waren die Wegstücke Stuben—St. Christoph und Stuben—Lech vor allem im Winter lebensgefährlich. Von 1666 bis 1855 fielen zwischen Stuben und St. Christoph mindestens 65 Personen dem Erfrierungs- und Lawinentod zum Opfer. Nicht ohne Grund heißt das alte Straßenstück oberhalb von Stuben seiner vielen Marterln wegen das „Marterloch". Stuben selbst wurde 1737 von einem schweren Lawinenunglück heimgesucht. Und am 11. Februar 1807 brachen um sieben Uhr abends gar vier Lawinen gleichzeitig über das arme Dörfel herein. Damals verloren sechzehn Menschen ihr Leben. Erst 1849 wurde oberhalb von Stuben mit staatlicher Hilfe ein Lawinendamm errichtet.

Noch abenteuerlicher als der Weg nach St. Christoph war jedoch der nach Lech. Gegenüber der heutigen Flexenstraße wand sich der alte Flexenweg in steilen Kehren bergan; den Graben des Flexenbaches, den der Weg hoch oben kreuzen mußte, nannte man deshalb den Kurzkehrtobel. Die Gruselgeschichten, die man sich hier über den Weißen Tod erzählt, sind leider nur zu wahr.

Eine der bewegendsten Geschichten ist die des „Lawinen-Franz Josef", eines aus Warth stammenden jungen Boten und Fuhrmannes. Am 21. Dezember 1886 wurde Franz Josef Mathies um elf Uhr vormittags auf dem Heimweg von Stuben nach Warth ganz oben im Kurzkehrtobel von einer Lawine erfaßt, dreihundert Meter in die Tiefe gerissen und verschüttet. Im Bett des Flexenbaches kam der Verunglückte zu sich. Es gelang ihm, rechte Hand, Mund und Nase vom Schnee zu befreien und um Hilfe zu rufen, aber niemand hörte ihn. Kurz darauf ging eine zweite Lawine nieder und begrub das arme Franz Josefele unter einer fünfeinhalb Meter hohen Schneedecke. Als es in Stuben und Lech klar wurde, daß Mathies unter der Lawine lag, machten sich 44 Mann zu seiner Rettung auf. Sie kamen aus Stuben, aus

Stuben am Arlberg, Teilansicht, 1905.

Lech, von weither aus dem Klostertal und vom Tannberg, um den Vermißten zu suchen. Ihr Einsatz war lebensgefährlich und unglaublich tapfer, zumal sie eigentlich nur mehr damit rechnen konnten, einen Toten zu bergen. Aber nach dreißig Stunden, am 22. Dezember um fünf Uhr nachmittags, geschah, was niemand mehr für möglich gehalten hatte: ein durchaus lebendiges Franz Josefele konnte geborgen werden. Retter und Geretteter dankten der göttlichen Vorsehung und glaubten an ein Wunder; aber es ist wohl auch des Mathies eiserner Natur zu verdanken sowie dem Umstand, daß der Mann im Flexenbach zu liegen kam. Das Wasser des Flexen suchte sich einen Weg durch den festgepackten Lawinenschnee und schuf so eine Höhle mit Atemluft um Franz Josef.

In der Stubener Pfarrkirche Unserer Lieben Frau Mariä Geburt, der ursprünglichen Marienkapelle, ist unter der Empore eine Weihgabe für Franz Josef Mathies zu sehen: Aus den Schneemassen ragt ein Stückchen Lawinen-Franz Josef heraus, über ihm thront lächelnd die Madonna, das runde Jesuskind auf ihrem Arm schaut interessiert auf den Verschütteten nieder, als wollte es sich fragen, ob es ihm wohl glücken werde, sich zu befreien. Ob man nun an Wunder glaubt oder nicht, ein kurzes Stoßgebet ist für den Arlbergreisenden in jedem Falle angebracht.

Die neue Flexenstraße entstand unter der Bauleitung von Ingenieur Paul Ilmer und gilt als eine der kühnsten Straßenbauten der Alpen. Es mußten Felsen gesprengt, Tunnels geschlagen und Tobel überquert werden, um die Trasse zu ermöglichen. Die vielen arkadenartigen Schutzvorrichtungen gegen Lawinen und Steinschlag sind nicht nur zweckmäßig, sondern auch unter ästhetischem Gesichtspunkt überaus geglückt. Im Oktober 1897 wurde die Strecke Stuben—Flexenpaß eröffnet, im Jahre 1900 war die Straße bis Lech befahrbar.

Mit der verkehrsmäßigen Erschließung durch die Flexenstraße gewann das 1724 m hoch gelegene Alpendörfchen *Zürs* Bedeutung. Das elegante Zentrum des exklusiven Wintersports von heute war ursprünglich eine Alpe und ausschließlich im Sommer bewohnt. Im Jahre 1897 wurde dem Gasthaus „Alpenrose" eine Konzession erteilt; die Landesbehörden gewährten der Wirtschaft sogar eine Subvention mit der Auflage, Herbergsbetrieb und Verpflegungsstation auch im Winter offenzuhalten. Als ersten Pächter treffen wir hier den Lawinen-Franz Josef wieder. Er betreute das einsame, kleine Gasthaus von 1897 bis 1903. Nach der Jahrhundertwende begannen Schifahrer und Bergsteiger den Zauber des baumlosen Hochtals zu entdecken. Ohne sie und ohne die Flexenstraße wäre Zürs eine Alp geblieben, eine Stelle, an der die vom Flexenpaß kommenden Wanderer und Fuhrleute erleichtert zu seufzen pflegten. Von Zürs geht es nämlich bachabwärts Richtung Lech.

Kurz vor dem Ortseingang von Lech verengt sich das Tal zur Schlucht. Hier herrscht der Sage nach der „Pfurravogel", den noch kein Mensch gesehen hat, aber den schon viele pfeifen hörten. An dieser Stelle saust und gellt der Wind vor allem im Winter und bei Nacht so unheimlich, daß Mensch und Tier erschrocken stehenbleiben und manch einer ängstlich kehrt macht. Diese Gegend heißt die „Pfurra". Dicht dahinter, am Zusammenfluß von Zürserbach und dem Oberlauf des Lech, liegt auf 1450 m Höhe das Dorf Lech.

Lech ist nicht nur langgezogen wie ein Straßendorf, es hat auch eine lange Geschichte. Wenn man von prähistorischen Funden am Tannberg absieht, gibt es hier seit 1300 eine Siedlung der Walser. 1351 ist sie urkundlich als „Taeniberc" erwähnt. Als sich die Walser hier ansiedelten, waren Tannberg und Mittelberg Jagdgebiet und Sommerweideland der allgäuischen Freiherren von Rettenberg. Die Zuzügler lebten von Milchwirtschaft und Viehzucht. Das Leben in der Einschicht war hart und der Zins, den sie abliefern mußten, daher gering; jede Familie hatte den Grundherren pro Jahr einen Laib Käse abzugeben. Verkehrsbedingt waren die Leute aus dem obersten Lechtal ins Allgäu hin orientiert, wo sie Käse, Butter und Vieh absetzten und Getreide kauften. Daran änderte sich auch nichts, als der Tannberg im Jahre 1453 der österreichischen Herrschaft Bregenz angeschlossen wurde. Erst mit dem Bau der Arlbergstraße verlagerte sich der Verkehr allmählich in Richtung Klostertal.

Zur Gemeinde Lech zählen *Oberlech*, *Zürs* und die alte Siedlung *Zug*. Sie alle sind heute weitgehend vom Fremdenverkehr bestimmt. Auch hier wurde der ursprüngliche Dorfcharakter verzerrt und zum Ferienort nivelliert. Der schöne alte Baubestand des Walsertypus, die Häuser mit ihren Schindelverkleidungen und die alte, 1390 anstelle einer Kapelle erbaute Pfarrkirche zum hl. Nikolaus sind geschichtliche Reste zwischen neuzeitlichen, zum Teil barmherzig mit Holz verkleideten Gästeburgen. Und doch hat sich auch hier — mehr spürbar als sichtbar — eine gewisse, wohltuende Eigenständigkeit bewahrt. Es ist die Art der Walser, nüchtern, arbeitsam, zuverlässig, der man auf Schritt und Tritt begegnet. Im Gegensatz zum Stanzertal wird man hier künstlerische und geistige Höhenflüge vergeblich suchen. Vielleicht liegt es daran, daß die oberen Lechtaler dem Himmel nahe genug sind. Ihr Ehrgeiz liegt eher darin, mit beiden Füßen auf der Erde zu bleiben. Und wenn sie den Boden der Realität verlassen, tun sie es besonnen in einer möglichst milden Form — sie erzählen Sagen.

So gibt es unter anderem die alte Prophezeiung, wonach der Tannberg einmal eine Ochsenalp und zuletzt ein Gletscher sein wird. Dann werden die Füchse durch die Schallöcher des Kirchturms aus- und einspringen. Doch vorher wird der Zürser See ausbrechen und vieles verwüsten.

Der Himmel bewahre die Lecher vor diesem Schicksal. Aber sollte die Weissagung dennoch eintreffen, werden die Nachkommen der zähen Walser sicher das Beste daraus zu machen wissen.

Zuletzt bleibt *St. Christoph*, nicht einmal ein Dorf, ein Weiler auf 1793 m Seehöhe. Er ist der einzige unter den angeführten Orten, der nicht „am", sondern „auf dem Arlberg" heißen müßte. Wie ein schiefsitzendes, nach Osten geneigtes Krönchen hängt er dem alten „Arl" am Scheitel.

Im Laufe von sechs Jahrhunderten hat es St. Christoph insgesamt auf die bemerkenswert geringe Anzahl von rund zwei Dutzend Häusern gebracht. Manche von ihnen gibt es nicht mehr; so die alte Zollhütte, die bis etwa 1904 im Bereich des heutigen Straßenbauhofs gestanden hat; oder den alten Salzstadel, der es immerhin vom Mittelalter bis zum Beginn unseres Jahrhunderts schaffte. Wo früher das Weiße Gold in seinen Ledersäcken lagerte, steht heute die Kassahütte der Arlberger Bergbahnen. Auch das liebenswerte „Waldhäusl" ist verschwunden. 1790 im sogenannten Maienwald als Wegmacherhaus erbaut, diente es rund 150 Jahre als Gasthaus. Die Königin von Holland wußte es ebenso zu schätzen, wie bürgerliche Rodler, Schifahrer und Bergsteiger. 1965 wurde es ersatzlos abgerissen.

Was in St. Christoph an historischer Bausubstanz überdauerte, wurde im Laufe der Geschichte in jeder Hinsicht gründlich verändert. Das heutige Bundessportheim hat ebenfalls als Wegmacherhaus zur Zeit Josefs II. begonnen. Weit über

Ansicht von Lech auf einer Postkarte aus dem Jahre 1904.

St. Christoph am Arlberg, 1901.

hundert Jahre hausten hier ausschließlich Wegmacher des Arlberg, ihre Familien und ihr Vieh, bis 1924 im Auftrag des Unterrichtsministeriums der Stall des Hauses zu einem Speisesaal für Jung-Schilehrer umgebaut wurde. Der Staat hatte die Ausbildung des Schilehrer-Nachwuchses in die Hand genommen und St. Christoph zum Schulungszentrum erkoren. So wurde im Laufe der Jahre aus dem alten Wegmacherquartier das markante rosa Dreieck des Bundessportheims.

Seinem ursprünglichen Zweck noch mehr entfremdet wurde das um 1650 zur Unterbringung der Grenzwache erbaute Kordonistenhaus: Ende des 18. Jahrhunderts zum Widum umfunktioniert, 1924 zum Straßenwärterhaus degradiert, schließlich durch mehrfache Um- und Zubauten bis zur Unkenntlichkeit verändert, präsentiert es sich derzeit hauptsächlich als Einsatzzentrale für den Straßenwinterdienst. Auch das Hospiz und seine Kapelle haben, dem Zwang der

Ansicht um die Jahrhundertwende.

Gasthaus zum Waldhäusl bei St. Anton a. Arlberg, Tirol

St. Christoph mit Trittkopf, 1927.

Ereignisse folgend, ihr Exterieur gewandelt. Immerhin ist hier der ursprüngliche Zweck, wenngleich mit Nachsicht aller Taxen, erhalten geblieben.

Einem Reisebericht aus 1899 ist zu entnehmen, daß St. Christoph nebst der Kirche bloß drei Häuser (Widum, Hospiz und Wegmacherhaus) und nicht mehr als drei bis vier Einwohner zählte. Zieht man die allgemeine Entwicklung während der letzten acht Jahrzehnte in Betracht, so grenzt das minimale Wachstum des Ortes in diesem Zeitraum an ein Wunder. Wohl hat er den Zauber vergilbter Winterpostkarten aus den zwanziger Jahren eingebüßt; Hotels, Liftanlagen und Parkplätze lassen ein Ortsbild nicht ungeschoren. Aber im Grunde sind es nur eine Asphaltstraße, ein paar hübsche und weniger hübsche Häuser und der Fremdenverkehr, die das heutige St. Christoph von seinem 2000jährigen Dasein als einsame Alpe Stern trennen.

Alp steris, die unfruchtbare Alpe: So wurde die Arlberghöh' mit ihrer unergiebigen Vegetationsdecke schon von den Rätoromanen genannt. Nur Jungvieh und Ochsen, also unfruchtbares oder „galtes" Vieh wurde hier heraufgetrieben. Wassermangel, Wetterstürze, steiles Terrain und rauhes Klima stellten für die kostbaren Melkkühe ein zu großes Risiko dar. Aus Alp steris wurde die Alpe Stern, ein heute noch gebräuchlicher Name für die Arlberg- oder Christoph-Alpe. Das windige Hochtal blieb jahrhundertelang eine Galtalpe. Niemand dachte daran, in der gottverlassenen gefährlichen Einöd ein Bauwerk zu errichten. Vielleicht sind ein paar Alphütten hier gestanden, zerfallen und mit der Zeit wiedererrichtet worden. In den kurzen Sommern gehörte der Berg dem Vieh. Die langen Winter über gehörte er sich selbst. Dem Menschen gehörte er nie. Bis Heinrich Findelkind kam, um ihn für den Menschen zu erobern.

Der „Arl" hat den Hirten und sein Hospiz nicht abgeschüttelt. Auch das ist eigentlich ein Wunder, denn eine mittlere Lawine hätte genügt, um den starrköpfigen Idealisten und sein Herbergsprojekt zu begraben. Dies läßt einen allegorischen Schluß zu: St. Christoph ist auf stillen Wunsch des Arlberg selbst entstanden — und klein geblieben.

Mit Sicherheit aber ist es die Schöpfung *eines* Mannes: von Heinrich Findelkind.

Ansicht um 1880.

St. Christoph am Arlberg.

Ich Heinrich Findelkint. wan mein vat der mich do funt hiß der maister von kempten der verdarb von burgeschaft wegē der het ix kint do waz ich hainz fundelkint daz zehent do sluge er uns halbe auz daz wir ginge und ime scholten do qua ich zu zwein pristn die wolten gein zu rome mit den ginge ich uber den arlberg und quame zu Jecklein ub' rein do sprach jecklein wo wolt ir mit dem knabē hin do sprachen die herē er ist zu uns kumē auff dem felde do sprach jecklein wolt ir in hie lazzen daz er uns der sweim hüte do sprachen sie waz er tüt daz ist uns liep do ding gotten sie mich hainrich fundelkint und gaben mir daz erste rat ij guldein do waz ich pei jecklein zehē iar do ging ich nit ny zu kirchn in dem winder vnd trug in daz swert noch do bracht ma iar vnd leut die do warē auff dem arlberg in den sie verdorbn den hetenn die enge anz gessen und die in elen daz erbarm mich henrich fundelkint so vbel do het ich xv guld vdint mit dem kurtzē stab do rufte ich und sprach ob niemāt wolt nemē die xv guld vnd eine anfanck wolt an haben auf dem arlberg daz die leut nicht also verdurben daz wolt nemant tvn do nam ich den almechtigē got zu hilfen vnd de silbn kirō den heiligen nothelffer sanctū cristof farirn vnd finge an mit den xv guld die ich

Die Lebensbeschreibung Heinrich Findelkinds. Auszug aus der Münchner Handschrift.

HEINRICH FINDELKIND
Geschichte und Legende

Würde man sich ausschließlich auf Fakten verlassen, um das Bild Heinrich Findelkinds zu rekonstruieren, käme man nicht weit. Schriftliche Zeugnisse über den Hospizgründer sind spärlich, bildliche Darstellungen gibt es überhaupt keine. Falls es sie gegeben hat, sind sie irgendwann im Laufe der vergangenen sechs Jahrhunderte verschwunden. Und falls es zeitgenössische Beschreibungen seines Äußeren, seines Wesens, seiner Art gegeben hat, sind sie gleichfalls verschollen.

Es ist nicht weiter verwunderlich, daß sich um den Mann vom „Arl" zahlreiche Legenden bildeten; seine geheimnisvolle Abkunft, sein außergewöhnliches Lebenswerk und sein historisch nicht geklärtes Verschwinden prädestinieren ihn dazu. Er wäre wohl längst in die Grauzone der Sage entrückt, hätte der geniale Findelkind nicht einen eigenhändig verfaßten Lebenslauf hinterlassen. Dank dieses Curriculum vitae wird Heinrich historisch faßbar. Mehr als ein halbes Jahrtausend später liest es sich wie ein Psychogramm.

In übertragener Form lautet Heinrichs frühe Lebensgeschichte so: „Ich, Heinrich Findelkind: Denn mein Vater, der mich da fand, er hieß der Mayr von Kempten, der verarmte einer Bürgschaft wegen, der hatte schon neun Kinder, da war ich, Heinrich Findelkind, das zehnte. Da schaffte er die Hälfte von uns aus dem Hause, damit wir gehen und dienen sollten. Da kam ich, Heinrich Findelkind, zu zwei Priestern, die wollten nach Rom gehen. Mit denen ging ich über den Arlberg und wir kamen zu Jäcklin Überrhein. Da sprach Jäckl: ‚Wo wollt Ihr mit dem Knaben hin?' Da sprachen die Herren: ‚Er ist zu uns gekommen auf dem Feld.' Da sprach Jäckl: ‚Wollt Ihr ihn hier lassen, damit er uns die Schweine hüte?' Da sprachen sie: ‚Was er tun will, ist uns lieb.' Da dingten sie mich und gaben mir im ersten Jahr zwei Gulden. Da war ich bei dem Jäcklin zehn Jahre. Da ging ich mit ihm zur Kirche im Winter und trug ihm das Schwert nach. Da brachte man viele Leute, die waren auf dem Arlberg umgekommen. Denen hatten die Vögel die Augen aus- und die Kehlen abgefressen. Das erbarmte mich, Heinrich Findelkind, so sehr. Da hatte ich fünfzehn Gulden verdient mit dem Hirtenstab. Da rief ich und sprach, ob jemand die fünzehn Gulden nehmen und einen Anfang machen wollte auf dem Arlberg, damit die Leute nicht mehr so umkämen. Das wollte keiner tun. Da nahm ich den allmächtigen Gott zu Hilfe und den lieben Herrn, der ein großer Nothelfer ist, den heiligen Christophorus und machte einen Anfang mit den fünfzehn Gulden, die ich mit dem Hirtenstab verdient hatte bei Jäcklin Überrhein. Und im ersten Winter, da rettete ich sieben Menschen das Leben mit dem heiligen Almosen. Seitdem haben mir Gott und ehrbare Leute geholfen, daß ich in sieben Jahren mit meinem Helfer fünfzig Menschen das Leben retten konnte, und den Anfang machte ich im Jahre 1386 am Tage des heiligen Johannes des Täufers."

Mit diesem Bericht liefert Heinrich etliche Steine zum Puzzle seiner Persönlichkeit.

Offensichtlich war er ahnungslos, was seine Herkunft und sein Geburtsjahr betrifft. Hätte das Findelkind Heinrich auch nur den geringsten schlüssigen Hinweis auf seine Abstammung gehabt, er würde ihn sicherlich erwähnt haben. Die Sage nimmt sich dieser Informationslücke in dramatischer Weise an: Auf dem Heimweg von Tirol nach Kempten habe der Mayr auf dem Arlberg die Leiche eines dunkelhaa-

„Heinrich Fundenkünt von Kempten":
Das Wappen Heinrichs von Kempten in einer Kopie der Barockzeit.

rigen, dunkelhäutigen Mannes im Schnee entdeckt. In den Armen des Toten sei ein Bündel gelegen, ein blondes, durchaus lebendiges Wickelkind, das der Mayr zu Frau und Kindern heimtrug und auf den Namen Heinrich taufte.
Wie Heinrich wirklich in das Haus des Mayr kam, bleibt ungewiß. Aber seine frühe Kindheit dürfte freundlich verlaufen sein. Die Tatsache, daß er den Mayr „mein Vater" nennt und die Selbstverständlichkeit, mit der man den Findling im Kreise der Familie als zehntes Kind aufnahm, läßt auf Herzensgüte schließen. Auch die Lebensumstände des Mayr dürften angenehm gewesen sein; anderenfalls hätte der Ärmste wohl kaum eine Bürgschaft übernehmen können.
Wie sehr den kleinen Heinrich der Zusammenbruch seines Elternhauses getroffen haben mag, läßt sich nur vermuten. Er kann nicht viel jünger als zehn, aber auch nicht viel älter als dreizehn gewesen sein, als er auf die Wanderschaft mußte. Ein kleineres Kind hätten die weichherzigen Mayrs wohl nicht in die Fremde ziehen lassen. Und ein viel älteres hätte Jäcklein Überrhein kaum mehr als „Knaben" bezeichnet.
Heinrich verließ also das hübsche, freundliche Städtchen Kempten. Daß er sich südwärts, Richtung Rom wandte, ist eher der zufälligen Begegnung mit den Priestern zuzuschreiben als einer eigenen Absicht. Eine solche hätte der fromme Findling mit Sicherheit erwähnt. Zum erstenmal überschritt Heinrich von Kempten also den „Arl", seinen Schicksalsberg. Und prompt griff das Schicksal in Person des Jakob Überrhein ein und hielt ihn fest.
Interessant ist, daß Heinrich sein Schicksal offenbar selbst bestimmen durfte. „Wollt Ihr ihn hier lassen?" fragte Überrhein die Priester und diese überließen die Entscheidung dem Kinde. Es können hundert Gründe gewesen sein, die Heinrich bewogen, zu bleiben; Müdigkeit, schmerzende Füße, der Wunsch, der alten Heimat möglichst nah zu bleiben, die Illusion, ein neues Heim gefunden zu haben, Sympathie für Überrhein, Antipathie gegen die beiden Priester. Oder einfach jene diffuse Mischung aus Angst, Einsamkeit und Hoffnungsschimmer, die nicht nur Kinder an Kreuzwegen des Lebens befällt und zu Entscheidungen drängt.
Die nächsten zehn Jahre seines Lebens verbrachte Heinrich jedenfalls bei Jakob Überrhein auf der Burg Arlen. Die Überrheiner waren kein alteingesessenes Tiroler Geschlecht. Sie stammten ursprünglich aus dem Dorf Gams, das jenseits des Rheins im heutigen Kanton St. Gallen lag. Spätestens um 1300 zogen sie über den Rhein nach Feldkirch. Zu diesem Zeitpunkt findet man die „Überrheiner" bereits in den Bürgerlisten der Stadt. Von dort wurden sie durch das Wüten Rudolfs III. von Montfort-Feldkirch verscheucht. Im Jahre 1355 nämlich überfiel Rudolf, auch der „böaß Graf" genannt, von der Schattenburg aus seine eigenen Bürger, brandschatzte, plünderte die Reichen und setzte sie gefangen, um von seinen Schulden zu kommen und seine in Gefangenschaft befindlichen Söhne zu befreien. Den Brüdern Ulrich und Jakob Überrhein aber gelang es, offenbar unter Mitnahme reicher beweglicher Habe, über den Arlberg zu fliehen. Wie sie in den Besitz der ursprünglich Schrofenstein'schen Arlenburg kamen, ob durch Kauf oder Heirat, ist ungewiß. Zur Zeit des jungen Heinrich waren sie jedenfalls als Herren im Stanzertal etabliert. Ihnen gehörte das Schloß in Pettneu, der sogenannte Turm, mehrere Güter im Stanzer- und Oberinntal und die Arlenburg. Herzog Leopold III., erster Förderer Heinrich Findelkinds, spricht von seinem Vasallen diesseits des „Arl" als „unserem getreuen Jäcklein Überrhein". Familienverbindungen mit den Schrofensteinern, Coburgern, Kripp und anderen alten Geschlechtern deuten darauf hin, daß die Überrheiner für den Tiroler Adel durchaus akzeptabel waren. Im 16. Jahrhundert starb die tirolische Linie aus, während sich eine Linie in Feldkirch wesentlich länger hielt.
Für Heinrich dürfte sich auf der Arlenburg ein völlig neuer Horizont aufgetan haben. Zwischen der freundlichen Bürgerfamilie des Mayr von Kempten und dem Herrenhaushalt derer von Überrhein lagen in den Augen des Kindes sicher Welten. Wohl begann der Findling als Schweinehirt auf der untersten Stufe der Hierarchie. Diese aber dürfte auf der Arlenburg nicht allzu eindrucksvoll, und mit höfischem Leben im eigentlichen Sinn nicht vergleichbar gewesen sein. Wie wäre es sonst zu erklären, daß der kleine Niemand zum Schwertträger seines Herren Jakob Überrhein avancierte — ein Ehrendienst, der im allgemeinen Knaben von Stand vorbehalten blieb?
Die Tatsache, daß Heinrich es dennoch schaffte, ist freilich mit Personalmangel allein nicht zu erklären; viel eher spricht sie dafür, daß sich die starke Persönlichkeit Findelkinds früh manifestierte und Jakob Überrhein auffiel. Fraglos war Heinrich von großer natürlicher Intelligenz und Willenskraft. Anders wäre sein Lebenswerk nicht zu erklären. Das Gefühl, auf sich allein gestellt zu sein, macht umsichtig und erhöht das Interesse an der Umwelt. Möglicherweise tat sich der kleine Schweinhirt durch Fragen, ungebetene Dienstleistungen oder besondere Anstelligkeit hervor. Überdies liegt die Vermutung nahe, daß er von gefälligem Äußeren war. Einen namenlosen, unfreien und obendrein noch häßlichen Hirtenbuben hätte der Burgherr wohl kaum zu seinem Schwertträger erkoren.
Wie immer er es angestellt haben mag, Heinrich muß es gelungen sein, ein Naheverhältnis zu seinem Brotgeber herzustellen. Letzteres läßt sich zumindest daran ablesen, daß Überrhein sich später bei Leopold III. für seinen Hirten verwendete. Ganz ohne Protektion, nur auf Heinrichs graue, blaue oder braune Augen hin, hätte der gewiegte Herzog die Erlaubnis zum Herbergsbau mittels feierlicher Urkunde sicher nicht gegeben.
Die Sage berichtet, daß Heinrich unter den Bosheiten des etwa gleichaltrigen Herrenkindes Jakob Überrhein, jenes Unglücksraben, den die Appenzeller später im Turm zu Pettneu aufhängten, gelitten habe. Andererseits sei das Burgfräulein Hanna, ehe sie Heinrichs späteren Gönner Jörg von Zwingenstein heiratete, dem Hirten ihres Vaters zugetan gewesen. Verbrieft ist über das Gefühlsleben Heinrichs freilich nichts, ausgenommen sein großes Erbarmen für die unglücklichen Toten vom Arlberg, denen „die Vögel die Augen aus- und die Kehlen abgefressen" hatten. Weshalb dieses

ausgeprägte Mitgefühl aber so bestimmend für sein weiteres Leben wurde, läßt sich durchaus entschlüsseln.
Der Anblick des Todes, auch grausamen Todes, war dem Menschen des Mittelalters wesentlich vertrauter als uns. Geburt und Tod lagen dicht nebeneinander, Religion war das starke Seil, an dem man sich von dem einen zum anderen hantelte. Barmherzigkeit und Mitgefühl als innere Tugenden waren damals sicher nicht häufiger anzutreffen als heute. Daß man sie möglicherweise mehr übte, lag am strengen religiösen Korsett der Zeit. Mit Bestimmtheit war Heinrich fromm und sensibel. Aber diese Eigenschaften allein hätten für den gewaltigen Kraftakt der Hospizgründung nicht genügt. Eine Kombination vielschichtiger Gefühle und Eigenschaften muß dafür verantwortlich zeichnen. Der Anblick der verstümmelten Toten war nur das auslösende Moment für ein lebensbestimmendes Ideal; und dieses Schlüsselerlebnis fiel in Heinrichs Pubertät.
Was in der Pubertät des Menschen auf den Grund der Seele fällt, schlägt unausrottbar Wurzeln, auch wenn später noch so viel Gras darüber wächst. Das Findelkind Heinrich wird wenig Beistand, wenig Führung gehabt haben, um mit dem Aufruhr seiner Gefühle fertig zu werden. Was mag im Kopf des Halbwüchsigen alles vorgegangen sein, auf das er ganz allein eine Antwort finden mußte?
Manche der Eindrücke und Einflüsse, denen Heinrich in dieser wichtigen Phase ausgesetzt war, sind durchaus nachzuvollziehen. „In dem Winter" trug der Bub seinem Herrn das Schwert zur Kirche nach. Das heißt, daß der Hirte sommers nicht auf Burg Arlen, sondern mit dem Vieh auf der Alm war, in irgendeiner Hütte auf der Höh' des Arlberg. War doch Jakob Überrhein Mitbesitzer der Alprechte auf dem Berg. Hirten und Sennen zählen zwangsläufig zu den schärfsten und gewiegtesten Beobachtern der Natur. Sie kennen Weg und Steg, gefährliche Tobel und Abgründe, sichere Weideplätze und Wasserstellen. Heinrich muß den „Arl" sehr genau gekannt haben. Die jähen Wetterumschwünge, plötzlich einfallende Nebel, die Bahnen, die Muren, Steinschläge, Lawinen nehmen, hat er in schweigsamen Almsommern studiert und sich eingeprägt. Und nicht nur die Gefahren, auch die gewaltige Schönheit des Hochtals hat er wohl in sich aufgenommen. Fauna und Flora waren ihm vertraut. Sicher war es „sein" Berg. Möglicherweise fühlte er sich nur dort oben wirklich zu Hause. Dieses Stück Erde konnte ihm niemand streitig machen, weil es niemand so kannte und liebte wie er. Und hier oben war er frei, keine irdische Instanz stand zwischen ihm und dem Himmel.

Die langen Wintermonate verbrachte Heinrich als Knecht auf der Arlenburg. Auf dem Schloß muß ein reges Kommen und Gehen geherrscht haben. Seine Lage am Ausgangsbzw. Endpunkt des beschwerlichen Weges über den Arlberg machte es zur gegebenen Raststätte. Hier und im nahen Dorf St. Jakob dürfte Heinrich mit Reisenden aller Stände zusammengetroffen sein und so Neuigkeiten aus allen Gegenden Europas vernommen haben. Die Gedankenanstöße für den aufmerksamen, aber ungeschulten Heinrich waren zahlreich: Da gab es Leute aus den Trossen der Ritter oder anderer hoher Herren, die im Burghof bruchstückhafte Informationen über kriegerisches oder politisches Geschehen lieferten. Es kamen die Händler mit ihrem Wissen über Waren, Wert und Wirtschaft. Einfache Fuhrleute saßen beisammen und unterhielten sich über die großen europäischen Reiserouten, den Fernpaß, den Brenner und den Reschen, den St. Gotthard und den St. Bernhard; und über den gefährlichen „Arl", wobei Heinrichs geliebter Berg sicher am schlechtesten wegkam. Es kehrten auch Pilger weltlichen oder geistlichen Standes ein, um beim Überrheiner Obdach und Speise zu erbitten. Mit Sicherheit trugen viele, die aus dem Süden kamen, das Gedankengut des heiligen Franziskus nach Hause. Daß die Idee tätigen Christentums Heinrich tief beeindruckt und beeinflußt hat, steht außer Zweifel.
Was den heranwachsenden Knaben noch bewegt haben mochte, ist pure Spekulation. Wie er sich mit dem weiblichen Geschlecht auseinandersetzte, wie leicht oder schwer er Freundschaften schloß, ob er jemanden hatte, dem er sich mitteilen konnte, ist der Phantasie des einzelnen überlassen. Aus seiner Kurzbiographie ist nur zu entnehmen, daß Heinrich sich in einer ziemlich eruptiven Gefühlsäußerung an die Umwelt wandte: „Da rief ich und sprach, ob jemand die fünfzehn Gulden nehmen und einen Anfang machen wollte auf dem Arlberg, damit die Leute nicht mehr so umkämen." Die Legende verlegt den dramatischen Auftritt auf einen Ostersonntag: Nach dem Hochamt habe Heinrich all seinen Mut zusammengenommen, sich vor der Kirche zu St. Jakob aufgepflanzt und die versammelte Gemeinde zur Hilfeleistung aufgerufen. Wenige Wochen davor sei er Zeuge geworden, wie man ausgeaperte, verstümmelte Leichen vom Arlberg abtransportiert habe. Der Anblick grauenhaft zugerichteter Gliedmaßen habe ihn nicht mehr losgelassen, der Wunsch zu helfen habe sich in ihm festgesetzt, der heilige Christophorus sei ihm im Traum erschienen und habe ihm zugerufen „Wage nur alles, ich steh' Dir bei!"
In der Tat könnte es sich so abgespielt haben. Eine bei Jugendlichen nicht seltene, fast hysterische Hochspannung einerseits und das Gefühl der Isolation andererseits erzeugen einen Druck, der sich in Bildern und Träumen allein nicht mehr entladen kann und schließlich explodiert; Heinrich schreit alles heraus, was ihn bewegt und faßt es in einem Wort zusammen: Barmherzigkeit!
Wie Heinrichs erster Aufruf zum Bau einer Arlbergherberge aufgenommen wurde, ist seinen eigenen Worten zu entnehmen — nämlich schlecht. „Das wollte keiner tun", beschreibt er seine Niederlage mit einem einzigen lapidaren Satz. Und wieder liefert die Legende einige Ansatzpunkte dafür, was sich in der Folge abgespielt haben könnte: Heinrich sei grausam verlacht und verspottet worden. Nur eine schöne junge Magd habe treu zu ihm gehalten. Und ein armes altes Weiblein habe ihm ihre fürs Begräbnis aufgesparten Kreuzer überlassen und sei so zur ersten Spenderin für den Herbergsbau geworden.
Daß Heinrich zur Zielscheibe von Spott und Hohn wurde,

ist naheliegend. Manche betrachteten seinen Aufruf sicher als Anmaßung. Andere mochten ihn schlicht für einen Spinner gehalten haben. Wie Jakob Überrhein auf den ersten spontanen Auftritt seines Hirten in der Öffentlichkeit reagierte, ist nicht zu sagen. Vielleicht hat er ihn getadelt, bestraft, vielleicht hat ihn die fromme Absicht des Burschen berührt. Keinesfalls wurde er gleich zum Sponsor der Idee, das hätte Heinrich nicht unerwähnt gelassen. Der Knecht muß seinen Herrn im Laufe der folgenden Jahre mit Beharrlichkeit überzeugt haben. Offenbar hat Findelkind auch über ein beachtliches Maß von Beredsamkeit verfügt.

Zwischen Heinrichs erster Willensäußerung, eine Herberge auf dem Arlberg zu errichten, und dem tatsächlichen Baubeginn können nur wenige Jahre gelegen haben. Der Sage nach entwischte er in dieser Zeit kurz nach Kempten, um seinen Ziehvater wiederzusehen, kehrte auf die Arlenburg zurück und erhielt von Hanna, der Tochter Überrheins, den heimlichen Hinweis, er müsse die Erlaubnis für den Bau beim Herzog einholen. Und so sei es gewesen: Als Leopold III. von Vorarlberg, wo er eben die Montfort'sche Grafschaft erworben hatte, über den Arlberg nach Tirol zurückritt, erwartete ihn Findelkind auf der Paßhöhe. Lange mußte er ausharren, ehe sich ein Troß geharnischter Ritter, allen voran der Bannerträger, näherte. Heinrich trat vor, zog ehrerbietig den Hut und bat, dem Herzog eine Bitte vortragen zu dürfen. Der Herzog lauschte huldvoll. Kein Geld wollte der Bursche, nur ein Stück des wertlosen Grundes hier oben für den Bau einer Elendenherberge, die er dem heiligen Christophorus weihen wollte. Der Herzog fragte, wer er sei, wo er diene und versprach, sein Begehren zu prüfen. Ein Jahr mußte Heinrich bange warten. Dann ritt der Herzog wieder über den Arlberg, diesmal um gegen die Schweizer Krieg zu führen. Bei seinem Vasallen Jakob Überrhein auf der Arlenburg machte er Rast. Und da geschah es, daß man Heinrich in den Burgsaal holte, wo der Herzog im Kreise seiner Edlen, Ritter und Bannführer saß. Freundlich fragte er den Hirten, ob er immer noch festen Willens sei, die Herberge auf dem Arlberg zu bauen, oder ob er nicht lieber mit ihm zu Kampf und Sieg reiten wolle. „Dableiben und bauen, hoher Herr. Ich bitt gar schön", stammelte Heinrich verlegen. Darauf sprach der Herzog mit den Worten des Evangeliums: „Dir geschehe, wie Du geglaubt". Und feierlich ließ er die Schenkungsurkunde für Grund und Boden zum Bau der Herberge St. Christoph auf dem Arlberg an Findelkind verlesen. Sie begann mit den Worten „Landesfürstliche Freiheit für Heinrich den Menschenfreund". Soweit die Sage.

Ob der Wunschtraum Heinrichs so reibungslos Gestalt annahm, bis er den „Anfang machte im Jahre 1386 am Tage des heiligen Johannes des Täufers", ist fraglich. Die Idee, einmal geboren, wurde sicher zum Ziel all seiner jungen, frommen Wünsche und Vorstellungen. Daß er sein Vorhaben dem Schutze des hl. Christophorus, dem Schirmherren aller Reisenden empfahl, ist aus mehreren Gründen verständlich. Kaum ein kindliches Gemüt bleibt von der Heiligenlegende unberührt: Christophorus war ein Riese gewesen und ein stolzer Mann, der nur dem mächtigsten König dienen wollte. Seine Seele irrte, bis er herausfand, daß Christus dieser König war. Ein Einsiedler unterrichtete ihn im christlichen Glauben und wollte, daß er wache, bete und faste. „Das kann ich nicht, ich will Christus auf andere Weise dienen", sagte der Riese. Da riet ihm der Einsiedler: „Geh zum Fluß hinunter, baue Dir eine Hütte und trage die Reisenden auf Deinen starken Schultern durchs Wasser. Tu es aus Liebe zu Deinem Herrn." Eines Tages hörte der Riese ein Kind um Hilfe rufen. Es war ein kleiner Knabe, der bat, über den Fluß getragen zu werden. Der Riese tat es freudig. Aber das Kind wurde schwerer, immer schwerer, und der Riese drohte zusammenzubrechen und zu ertrinken. Da sagte das Kind: „Du hast heute den Herrn der Welt auf Deinen Schultern getragen. Fortan sollst Du Christophorus, Christusträger, heißen." Und das Kind tauchte des Riesen Kopf ins Wasser und taufte ihn in seinem Namen. Auch trug Christophorus einen Wanderstab, der Blätter trieb, sobald er ihn in die Erde steckte. Geduldig erlitt der heilige Mann einen schier endlosen, grauenhaften Märtyrertod. Ehe Christophorus, der im fernen Lycien durch sein Wunderwirken angeblich 48.000 Heiden zum Christentum bekehrte, starb, bat er Gott, daß am Ort, wo man ihn begraben würde, weder Hagel noch Feuer, weder Hunger noch Pest Schaden anrichten solle. Es heißt, wer den heiligen Nothelfer andächtig anruft, bleibe vor Übel und Elend, vor Angst und Not, Armut und Pest sowie vor jähem Tod zu Lande und zu Wasser verschont.

Was lag also näher, als daß Heinrich schon als ängstliches Kind auf seiner ersten Reise ins Ungewisse den hl. Christophorus um Hilfe und Schutz bat; daß der Findling, der mehr als andere Menschen sein Leben als eine unsichere Reise empfinden mußte, sich und sein Werk Christophorus weihte; daß ihm aus eigenem Erleben das Schicksal schutzlos Reisender besonders naheging.

Da Heinrich auch über reichlich praktischen Sinn verfügte, wird er freilich konkrete Vorstellungen gehabt haben. Die Stelle, an der er seine Herberge auf dem Arlberg errichten wollte, hatte er auf Grund jahrelanger Beobachtungen der natürlichen Gegebenheiten längst ausgesucht. Daß er es allein mit seinen fünfzehn Gulden, die er im Dienste Überrheins erspart hatte, nicht schaffen würde, war ihm wohl klar. Andererseits konnte er am Beispiel der im nahen Klostertal befindlichen Johanniterherberge studieren, wie Unternehmungen dieser Art von Reisenden dankbar unterstützt, von Reichen gern gefördert wurden.

Auf den ersten Blick brachte Heinrich sein Projekt sicher mehr Nachteile als Vorteile ein: Er war zwar fromm, aber keinem Orden zugehörig, in dessen Schutz oder Namen er operieren konnte. Er war intelligent, aber nicht gebildet, höchstwahrscheinlich in diesem frühen Stadium seines Lebens sogar des Lesens und Schreibens unkundig. Er war nicht nur arm, sondern unbekannter Herkunft und ohne die nötigen Verbindungen, die ihm die Türen zu einflußreichen Personen hätten aufstoßen können. Aber er besaß zwei unschlagbare Vorteile, die alle Nachteile wettmachten: Er hatte eine Idee, an die er glaubte; und der Zufall, das Schicksal oder der heilige Christophorus höchstpersönlich führten

Cristofori faciem die quacunque vieris,
Illa nempe die morte mala non morieris ❧ Millesimo cccc°
xx° imo ❧

Christophorus-Legende, 1420.

ihn in die ideale Ausgangssituation: Schloß Arlen als Ort der Begegnung zwischen dem Herzog, seinem Vasallen und dessen Knecht; die politische Lage, die Leopold zwang, jenseits des Arlberg zu operieren; und der „Arl" selbst, der alle Reisenden unbesehen ihres Standes und ihrer Möglichkeiten bedrohte. Heinrich hatte Erfolg — dank des ihm eigenen Gemischs von heiligem Eifer und Überzeugungskraft sowie dank einer spezifischen historischen Situation.
Wann und wie Heinrich in den Besitz der herzoglichen Schenkungsurkunde gelangte, ist nicht geklärt. Manches spricht dafür, daß hier die Sage ungefähr den historischen Tatsachen entspricht. Das Dokument wurde von Leopold zu Graz ausgestellt und unterfertigt.
Es ist anzunehmen, daß Heinrich im Frühjahr 1385 Gelegenheit fand, dem Herzog seine Bitte vorzutragen, als dieser von Feldkirch nach Tirol ritt. Daß Jakob Überrhein sich für seinen Knecht verwendete, zumindest aber positive Auskunft über Findelkind erteilte, ist eindeutig. Mit Sicherheit hat der Herzog Erkundigungen über den Antragsteller eingeholt. Darüber hinaus muß Leopold Heinrichs Ausstrahlung, seinem Charisma erlegen sein. Etwas davon spiegelt sich im Text der Urkunde wider:
„Wir, Leopold von Gottes Gnaden Herzog zu Österreich, zu Steyr, zu Kärnten, zu Krain, Graf zu Tirol, geben öffentlich mit diesem Schriftstück für uns und für unsere Erben bekannt und tun kund jedermann der gegenwärtig ist und zukünftig sein wird, wie der arme Knecht Heinrich von Kempten, der in seiner Kindheit ein Findelkind war und unserem getreuen Jäcklin Überrhein lange gedient hat, mit solcher Andacht und mit solchem Begehren vor uns getreten ist, daß er gern ein Haus und eine Kapelle auf dem Arlberg bauen und dort wohnen und ansässig sein wollte, hauptsächlich um der elenden und armen Leute willen, damit sie eine Herberge da hätten, wenn sie wegen Ungewitters oder Krankheit nicht mehr weiter kommen könnten, auf daß sie da nicht mehr umkämen, wie es vordem häufig und oft geschehen ist. Wir haben seinen guten Vorsatz gesehen und bedacht, daß viele gute Dinge von einfachen Leuten angefangen worden sind und haben ihm um Gottes und seines fleißigen Bittens willen erlaubt und gestattet, ein Haus und eine Kapelle zu errichten auf dem vorgenannten Arlberg, an der Stelle bei dem Weg, wo es am besten stehen mag. Darum bitten wir alle, die diesseits und jenseits ansässig sind, oder die über diesen Berg reiten oder gehen, daß sie ihm förderlich dabei behilflich sind, daß er die Arbeit und das Werk vollbringen möge, und empfehlen auch ernstlich allen unseren Haupt- und Amtsleuten, daß sie ihn dabei schützen und schirmen, um uns erwillen, daß ihm, Heinrich, bei der genannten Arbeit niemand ein Leid oder eine Drangsal antue, in keiner Weise, weil das gänzlich verboten ist durch Beurkundung dieses Briefes. Gegeben zu Graz am Tage des heiligen Johannes zu Weihnachten Anno 1386."
Zwar trägt das Dokument das Datum 27. Dezember 1386, aber die Jahreszahl dürfte auf einem Schreibstubenirrtum beruhen. Denn Leopold fand bekanntlich im Juli 1386 bei Sempach den Tod.

Vielleicht überreichte der Herzog die Urkunde dem Heinrich in der Tat persönlich, als er im April 1386 mit großem Gefolge über den Arlberg zog, um seine letzte Schlacht zu schlagen. Findelkind zögerte jedenfalls nicht lange, um sein großes Vorhaben in die Tat umzusetzen. Sobald der Berg schneefrei war, zog er hinauf, um mit dem Bau zu beginnen. Es war der 24. Juni 1386, der Tag des hl. Johannes des Täufers. Damals konnte Heinrich nicht viel älter als zwanzig Jahre gewesen sein.
Aus seiner Lebensbeschreibung läßt sich schließen, daß er den Winter 1386/87 bereits auf dem „Arl" zubrachte: „Und im ersten Winter, da rettete ich sieben Menschen das Leben." Wie diese und die folgenden Winter für den guten Hirten vom Arlberg ausgesehen haben mochten, kann man sich mit einiger Phantasie vorstellen. Das Haus war in aller Eile errichtet worden und nur mit dem Nötigsten ausgestattet. Erst im Laufe der Jahre konnte es zu der stattlichen, vertrauenerweckenden Herberge ausgebaut werden, die sich in der sicheren Mulde unter der Paßhöhe nie ängstlich duckte, sondern immer stolz erhob.
Ob Heinrich bereits im ersten Winter Hilfe hatte, ist höchst unsicher. „Ich und meine Helfer", beschreibt er die Rettungsmannschaft der frühen Jahre, aber im ersten Jahr spricht er nur von sich. Wann Ulrich von Nossek, Heinrichs vielgerühmter treuer Helfer, zu ihm stieß, bleibt ungeklärt. Der Sage nach geschah es freilich bereits im Herbst 1386, als Heinrich — vielleicht mit freiwilligen Helfern — mit den Bauarbeiten am Arlberg beschäftigt war. Plötzlich stand ein Mann in schäbiger Kriegskleidung vor ihm und fragte: „Seid Ihr der Herbergsbauer Heinrich Findelkind? Dann möchte ich bei Euch bleiben und mithelfen." Es war Ulrich Nossek, ein Schwyzer aus St. Gallen, der sich um puren Gotteslohn Heinrichs barmherzigem Werk verschreiben wollte. Er hatte in der Schlacht bei Sempach mitgekämpft und danach geholfen, die Toten zu bestatten. Auf dem Schlachtfeld fand er einen Sterbenden, dessen letzte Bitte es war, man möge sein Geld zu Heinrich dem Findling bringen für den Herbergsbau auf dem „Arl". Die Sage machte Jakob Überrhein den Jüngeren zum reumütigen Toten von Sempach, was wohl schwer möglich gewesen sein kann, da man Jakob Jahre später am Pettneuer Turm erhängte. Ulrich von Nossek aber ist eine eindeutig historische Figur.
Setzt man den Fall, daß der Hospizgründer den ersten Winter allein am Paß wirkte, so werden ihm Einsamkeit, Stürme, meterhoher Schnee und die schwierige Suche nach in Not geratenen Reisenden vielleicht physisch, aber sicher nicht psychisch zugesetzt haben. Er hatte seine erste fromme Schlacht geschlagen. Die rettende Herberge am Arlberg stand. Freude und Stolz müssen ihn erfüllt haben. An seiner Fähigkeit, das Unternehmen fortzuführen, hat er sicher nicht gezweifelt. Neben der anstrengenden körperlichen Arbeit werden ihn vor allem Überlegungen beschäftigt haben, wie er das begonnene Werk ausbauen, institutionalisieren und materiell absichern könnte. Er hatte viele lange Winternächte Zeit, für die Zukunft zu planen.
Wie genial er diese Zukunft in der Tat zu untermauern wuß-

Liebu kind ir sult wissen daz ir ewr almusen sult
geben auf den arl[per]g [...] und stet und zu
armer ellender leute da man zu lekerberg
arm und reich [...] all ellent auffen [...]
ich oder mein knecht ye gleicher [...]
spitalisten sind vereinigt [...] in ire [...]
den [...] aller der herberg und
geben Got das Almusen an[...] daz er für mag
komen [...] halten auf dem arlperg [...]
unsern [...] [...] Jhesu[m] Cristu[m] und
unser liebn muter und den heiligen herre[n]
sand Cristoffen ern und der heiligen jungk-
frawn sand [...] er und aller gotes he-
ligen er Und haben in daz gotshaus erworff-
hundert sunder kalender dar uns [...] ist
und grosse [...] und [...] [...]
[...] auf den arlperg [...] [...]
der ist [...] aller der gnad die [...]
ist und die [...]

Item daz ist daz [...] der bruder [des] ...
Albert bruder zu dem heiligen herrn
sand Cristoffel auf den arlperg und [...]
sich diese bruder aller der mutter [...]
[...] der ellenden herbrig und in
gotshaus sand Cristoffels und des ge-
antlas der alles [...] ist und [...]
[...]

Es ist [...] die [...] almusen auf [...]
arlperg geben zu dem [...] und
[...] [...] der [...] [...]
[...] als [...] [...]

„Liebe Kind ir sult wissen . . .": Mit diesen Worten beginnt der Aufruf Heinrich Findelkinds zur Unterstützung seiner Tätigkeit.

te, welcher Ideen er sich bediente, um das Hospiz europaweit zu einem Begriff zu machen, die Gründung der St. Christoph-Bruderschaft — darauf wird noch zurückzukommen sein. Hier interessiert vorerst nur der Gründer selbst. Doch aus seinen eigenen Aufzeichnungen erfahren wir nur wenig. Sieben Jahre nachdem Heinrich auf den Berg gezogen war, also im Jahre 1393 oder 1394, schrieb er seinen Lebenslauf nieder. Damals war er um die Dreißig, ein Mann in der Blüte seines Lebens und sicher weithin bekannt und berühmt. Fünfzig Menschen hatte er bereits das Leben gerettet. Er hatte Zugang zu Burgen und Schlössern der Adeligen, zu bischöflichen Palästen, zu reichen Bürger- und Patrizierhäusern. Und doch hörte er niemals auf, die Hilflosen und Bedürftigen zu lieben und zu schützen. Ablässe und päpstliche Bullen konnte er für die St. Christoph-Bruderschaft erwirken. Das Schreiben und Lesen hatte er längst erlernt, vielleicht sogar einige Fremdsprachenkenntnisse erworben. Denn die Reisen, die er alljährlich antrat, um für sein Werk zu werben und um materielle Unterstützung zu bitten, führten ihn an die Grenzen des damaligen Europa.

Trotz aller Erfolge, ja allen Ruhmes dürften sich aber die Grundzüge von Heinrichs Wesen nie verändert haben. Etwa um die gleiche Zeit wie den Lebenslauf verfaßte Heinrich einen Aufruf, mit dem er und wahrscheinlich auch seine Boten auf Reisen gingen, um für Spenden für das Hospiz zu werben. Auf wie vielen fernen Märkten und Dorfplätzen, vor wie vielen Kirchen und Münstern hat Heinrich diese Worte gerufen: „Liebe Kinder! Ihr sollt wissen, daß Ihr Euer Almosen sollt geben auf dem Arlperg zu Weg und Steg und zu einer Elendenherberge für arm und reich . . ." Dann erzählte er davon, wie er und sein Knecht alle Abende, jeder mit vier Schneereifen, nach Hilfsbedürftigen suchten, die sie dann in die Herberge brachten, pflegten und mit einer Wegzehrung versahen. Nun hätten sie begonnen, ein Kirchlein zu bauen: „Und haben in das Gotteshaus hundert Stück Reliquien erworben, die sich wohl bewähren und große Wunder wirken."

Rund zwei Jahrzehnte waren seit Findelkinds erstem unbeholfenem Aufruf zur Barmherzigkeit vergangen. Längst hatte der Seelenfänger gelernt, sich der Rhetorik zu bedienen. Er konnte auf eine beachtliche Anzahl von Rettungen und ein stetes Wachstum seiner Hilfsorganisation hinweisen. Er hatte genügend Helfer um sich — wie viele, wissen wir nicht. Hingegen kennen wir die Zahl seiner Sympathisanten und Sponsoren, der Brüder und Schwestern zu St. Christoph auf dem Arlberg genau — sie ging in die Tausende. Das Findelkind aus Kempten war eine angesehene Persönlichkeit geworden. So angesehen, daß ihm Herzog Leopold IV. ein Wappen verlieh: in gelb-goldenem Schild auf schwarzem Dreiberg sitzt ein Rabe; über der schwarzgelben Helmzier thront ein gekrönter Adler, die Klauen auf ein rotgeflecktes Hündchen gestützt. Die Nebenschrift lautet: Heinrich Fundenkundt von Kempten. Heraldiker wüßten das Wappen zu deuten, bisher ist es unterblieben. Mit Sicherheit aber manifestiert sich in ihm das, was man heute eine Traumkarriere nennen würde. In einer Zeitspanne von rund zwanzig Jahren hatte es der Findling und unfreie Knecht des Jakob Überrhein zu einem eigenen Wappen, wenn nicht gar zum Adelsstand gebracht. Demonstrativer als mit diesem Wappen hätte die Welt von damals die Leistung Heinrichs gar nicht anzuerkennen vermocht.

Was wäre naheliegender, als daß sich Heinrichs Wesen durch Ruhm und äußere Ehre, durch die ungeheure Selbstbestätigung, die dem Findling widerfuhr, verändert hätte. Große Erfolge bringen häufig eine Veränderung der menschlichen Persönlichkeit mit sich. Nur an Weisen und wahrhaft Frommen rinnen sie ab wie Wassertropfen auf glatter Haut. Aus Heinrichs Aufruf „Liebe Kinder" und seinen Wanderungen im Dienste der Barmherzigkeit, die er ebenso bescheiden fortführte, wie er sie begonnen hatte, läßt sich's lesen: Er zählte zu den wenigen Auserwählten, die sich selbst treu blieben. Heinrich, der Mann, unterschied sich im Grunde seiner Seele nicht von Heinrich, dem Kinde, das mit frommer Demut und natürlicher Menschenwürde die Großen seiner Zeit beeindruckte und überzeugte.

Heinrich Findelkind, der große Mann vom „Arl", verschwand ebenso geheimnisvoll aus dem Leben, wie er gekommen war. Nichts wissen wir über Art, Ort und Zeitpunkt seines Todes. Ziemlich sicher scheint, daß er in den Jahren des Konstanzer Konzils nicht mehr am Leben war. Zu viele Prominente und ihre Chronisten reisten damals über den Paß und kehrten im Hospiz ein, als daß nicht irgendeiner über die Begegnung mit dem eindrucksvollen Herbergswirt und Bruderschaftsmeister berichtet hätte. Immer wieder taucht die Vermutung auf, Heinrich sei in den Wirren des Appenzeller Krieges umgekommen. Es sind Vermutungen, mehr nicht. In einem Ablaßbrief des Antonius, Patriarch von Aquileja, vom 7. Juni 1405 wird erwähnt, daß Heinrich von Kempten und Ulrich von St. Gallen sich persönlich beim Kirchenfürsten um Empfehlung und Ablaß beworben hatten. Dieser Brief ist das letzte historisch greifbare Lebenszeichen Findelkinds.

In Heinrichs geheimnisumwittertem Auftauchen und Abgang liegt viel Poesie. Solange sich Menschen Geschichten erzählen, wird die Gestalt des Findlings, der den Arlberg bezwang, die menschliche Phantasie beflügeln.

Was wurde nicht alles erdacht, um seinen Tod zu deuten: Ein Venedigermännlein habe Heinrich all die Schätze gezinst, mit denen er sein stattliches Hospiz erbaute, schließlich habe es Findelkind für immer mit sich genommen. Nach einer anderen Version holte der alte „Arl" seinen Bezwinger heim: Auf der Heimkehr von einer Reise sei Heinrich von einem Schneebrett verschüttet worden. Sein tapferer Gefährte Ulrich Nossek habe den Sterbenden gefunden und ihm versprochen, seinen Tod geheimzuhalten, um das Bestehen der Bruderschaft nicht zu gefährden. In Ulrichs Armen sei Heinrich gestorben und der treue Knecht habe ihn heimlich hinter der St. Christoph-Kapelle begraben.

Und immer wieder erzählt man sich, daß der hl. Christophorus höchstpersönlich das Kind Heinrich auf den Arlberg führte. Während all der Errettungen aus Schnee und Sturm sei der Heilige stets bei ihm gewesen und hätte ihn geleitet.

Alte Bauern berichteten schon zu Findelkinds Zeiten, sie hätten die große dunkle Gestalt des Christophorus hinter Herrn Heinrich deutlich gesehen. Stein und Bein schworen sie, ihn noch durch dichte Nebelschwaden an seinem wundersamen Wanderstab erkannt zu haben. Da durfte man denn wohl annehmen, daß der heilige Nothelfer eines Tages seinen frommen Schützling bei der Hand nahm und ihn direkt in den Himmel führte.

Und auch das ist sicher noch nicht die letzte Geschichte über Heinrich Findelkind.

St. Christoph, Ansicht von der Paßhöhe, um 1880.

Item In dem Ersten Erzbischoff Pilgreim von
Saltzburg alle iar Also lang lesleicher sin den
und Iüngstag Leslaicher sindt

Item Bischoff Eberhart von Chyemse geit auch alzeulanclaz
Bischoff Fridreich von Brichsen geit auch alzeul
Bischoff Berchtold von Frensingen geit auch alzeul
Bischoff Görig von Trient geit auch alzeul
Bischoff Hartman von Chur geit auch alzeul
Bischoff Burckhart von Costnitz auch alzeul
Bischoff Fredr von Coln auch alzeul
Bischoff Lamprecht von Pamberg alzeul
Bischoff Gerhart von wirtzpurg auch alzeul
und am Oberrein gemainklich
Bischoff Chunrad von Maintz auch alzeul
Bischoff Fredr von Strazpurg alzeul
Bischoff Jorg von Pazzaw alzeul
Bischoff Johannes von Eichstet alzeul
Bischoff Johannes von Regenspurg itzt Bisch
Bischoff Görig von Saltzpurg auch alz Bis

Jch Franntz Bischoff zu Brixen etc.

Beitrittsliste der Bischöfe in der Wiener Handschrift, dem Hauptbuch der Bruderschaft.

„SANCTI CHRISTOPHORI AM ARLPERG BRUEDERSCHAFFT"
Ihre Botenbücher und Satzungen

Wenn man das Ei des Columbus zu den Geniestreichen der Menschheitsgeschichte rechnet, darf man auch Heinrich Findelkinds Strategie zur Bestandsicherung seines Lebenswerks hinzuzählen: Eine simple, praktische, zu unbestrittenem Erfolg führende Idee — sie mußte einem nur einfallen. Nachdem der Hospizgründer seine Herberge gebaut hatte, gründete er eine Bruderschaft; eine Art „Verein der Freunde des Arlberg-Hospiz". Um Mitglieder zu aquirieren, bediente er sich einer für seine Zeit geradezu modern anmutenden Werbemethode. Seine Boten und er selbst zogen vom späten Frühling bis in den Herbst durch die Lande und trugen Bücher bei sich, die mit Dokumenten versehen waren, die die Glaubwürdigkeit, die fromme Intention und Autorisation der Boten durch höchste geistliche und weltliche Instanzen bestätigten. Wer sich bereit erklärte, Mitglied der Bruderschaft zu werden — wer sich „brüderte" — wurde im Botenbuch verewigt; Wappen, Stand, Name und Höhe der Spende wurden fein säuberlich im Buch vermerkt. Der psychologische Effekt der eindrucksvollen Namensliste auf ein potentielles Mitglied war abzusehen: Dabeisein, für jedermann deutlich sichtbar zur illustren Schar der Brüder und Schwestern zählen zu dürfen, bot einen nahezu unwiderstehlichen Reiz. Der Griff in den Säckel fiel leichter, wenn die edle Spende nicht anonym bleiben mußte.

Es wäre freilich fast ein Sakrileg, dem frommen Heinrich von Kempten die schlüpfrigen Methoden moderner Werbestrategen als Absicht zu unterstellen. Er appellierte fraglos an das Gute im Menschen, moralische Doppelbödigkeit war ihm fremd. Daß Überlegungen dieser und anderer Art überhaupt angestellt werden, liegt an der Faszination, die die Botenbücher — auch als Wappenbücher vom Arlberg bekannt — auf die Nachwelt ausüben. Die außerordentlich große Mitgliederzahl, die sämtliche soziale Schichten und Stände umfaßte, muß zu denken geben. Vom Herzog bis zu seinem Hofnarren, von der Gräfin zu ihrer Jungfer, vom reichen Händler und seiner Hausfrau bis zum armen Handwerksburschen hat man sich gebrüdert. Was hat so viele Menschen, von denen manche nicht einmal wußten, wo dieser Arlberg eigentlich lag, zum Eintritt in die Bruderschaft bewogen?

Drei Botenbücher aus der Zeit Heinrichs sind uns erhalten geblieben. Sie gehören zu den wertvollsten noch bestehenden Handschriften des Mittelalters und sind Gegenstand fortgesetzter heraldischer, genealogischer, historischer und sprachlicher Forschung. Die „Sancti Christophori am Arlperg Bruederschafft Buecher" reizen zu Analysen, Hypothesen und Kommentaren; umfangreiche wissenschaftliche Werke wurden über sie verfaßt. Wie eine Guckkastenbühne geben sie ein begrenztes Bild frei, lassen einen Blick zu auf ein Stück Wirklichkeit, das sechshundert Jahre zurückliegt. Sie sind ein Schlüssel zur Vergangenheit, aber auch wieder einer, der nicht alle Schlösser sperrt. Was wir über Heinrich Findelkind, den Hospizbau und die Bruderschaft, über Ulrich Nosseck von St. Gallen und noch manch anderen Zeitgenossen wissen, verdanken wir den Botenbüchern. Aber es ist ein lückenhaftes Wissen, das nur mit Hilfe von Spekulation ein Gesamtbild ergibt.

So ist das Datum der Bruderschaftsgründung nicht auf ein bestimmtes Jahr festzulegen. Etliche Historiker sind der Ansicht, sie sei bereits 1386 erfolgt. Mit Bestimmtheit läßt sich

Die Wiener Handschrift beinhaltet die größte Wappensammlung des deutschen Sprachraumes aus dem 14. und 15. Jh. Sie befindet sich im Österreichischen Staatsarchiv.

aus den Eintragungen in den Botenbüchern jedoch nur herauslesen, daß sie im Jahre 1394 schon existiert hat. Ihre Entstehung ist aus dem Geschehen dieser acht Jahre abzuleiten: Die von Heinrich Findelkind aus Bergnot geretteten Reisenden mußten sich in seiner Schuld sehen. Wer sich, dem Tode knapp entronnen, plötzlich unter dem schützenden Dach des Hospiz wiederfand, am warmen Feuer sitzend, satt und geborgen, der mußte das Bedürfnis empfinden, der rettenden Herberge und ihrem tapferen Wirt seinen Dank abzustatten. Man fühlte sich der Institution verpflichtet und entrichtete nur zu gern einen Obulus. Irgendwann wird der Gedanke entstanden sein, diese Verpflichtung nicht mit einer einmaligen Spende abzutun, sondern sie langfristig, auf Lebenszeit, einzugehen. Dabei ist es im Grunde belanglos, ob die Idee zur Bruderschaft von Heinrich selbst stammt oder, wie vielfach angenommen, von einem seiner Freunde oder Gönner. Heinrich begriff, daß in diesem Gedanken eine ungeheure Chance für das Hospiz lag. Keine einmalige milde Gabe, sondern die dauerhafte Bindung einzelner Personen an seine Herbergsidee! Man brüderte sich fürs Leben, ja über den Tod hinaus. Die Höhe einer kleinen, jährlich einzuhebenden Spende — also eine Art Mitgliedsbeitrag — blieb dem Ermessen der „Brüder" und „Schwestern" überlassen; ebenso die im allgemeinen höher angesetzte Summe, die man der Bruderschaft auf den Todesfall vermachte.

Es hatte mehrere Gründe, daß die Bruderschaftsidee sichtlich zündete. Sie wurde nicht nur von den Landesfürsten, sondern auch vom hohen Klerus unterstützt. Weshalb die Habsburger ein vitales Interesse an der Sicherung des Arlberg hatten, ist bereits bekannt; Heinrich und sein Hospiz garantierten ihnen die Funktionstüchtigkeit der politisch lebenswichtigen Ost-West-Verkehrsader. Mit der Brüderung demonstrierten sie vor der Welt, daß sie Findelskinds Unternehmung nicht nur guthießen, sondern sie in vollem Umfang unterstützten. Für den Adel mußte dies als Signal aufgefaßt werden, es dem Landesherren gleichzutun. Und jene Geschlechter, die im näheren und weiteren Einzugsgebiet des Arlberg ansässig waren, dürften Heinrichs Bemühungen wohl auch ohne deutlichen Wink des Herzogs unterstützt haben. Hin- und herwärts über den Berg wurde geheiratet, geerbt und gestritten. Ein passabler, geschützter Weg war den Montforts, Werdenbergs und denen von Hohenems, den Schrofensteinern, Überrheinern, Sprechensteinern und wie sie alle hießen, mit Sicherheit ein Anliegen. Die stets um Hegemonie bemühte Kirche mußte nun ihrerseits versuchen, am frischgebrauten Arlbergsüppchen mitzukochen. Daß Heinrich die fromme Absicht hatte, neben dem Hospiz eine Kapelle zu errichten, kam dem Klerus äußerst gelegen. Sobald das Kirchlein einmal stand, war der Zugriff durch eine Diözese, in diesem Falle Brixen, gesichert. Findelkinds eigene finanzielle Mittel waren restlos aufgebraucht. Eingehende sporadische Spenden benötigte er zum Unterhalt des Hospiz. Wie sollte er den Bau einer Kapelle finanzieren? Jährliche Bruderschaftsbeiträge boten sich als die ideale Lösung an. Die Kirche tat also das Ihrige, um zum Beitritt in die Bruderschaft zu motivieren, indem sie ihr reichlich Ablässe, Seelenmessen und Gnadenbriefe zukommen ließ; ein nicht zu unterschätzendes Animo für die Menschen dieser Zeit. Denn was bedeutete schon eine kleine alljährliche Spende im Diesseits, wenn man sich dafür ein Stück ewiger Seligkeit erwarb.

Im Laufe weniger Jahre brachte es Heinrich auf eine stattliche Zahl von Beweisstücken klerikaler Gunst. Das bemerkenswerteste und wertvollste Dokument dieser Art ist ein päpstlicher Gnadenbrief aus dem Jahre 1397, der jahrhundertelang im Kirchenarchiv von St. Jakob im Stanzertal schlummerte und sich heute im Dekanatsarchiv von Zams befindet. Darin bestätigt Papst Bonifaz IX., daß „Henricus Findlkind de Kempten und Udalricus Nosseck de Sancto Gallo mit Hilfe anderer Gläubiger auf der Höhe des Arlberg, Diözese Brixen (in summitate montis Arelberg Brixinen. dioc.), welcher Berg beinahe drei Meilen von den Wohnungen anderer Menschen entfernt ist und wo es besonders zur Winterszeit viele arme Leute und andere gibt, die nicht zu diesen Wohnungen gelangen können, und von denen deshalb manche ohne die kirchlichen Sakramente gestorben sind, ein Haus zur Wiederherstellung Erschöpfter (ut inibi refocillationem habere possent) erbaut habe, und auch eine Kapelle zu Ehren und im Namen der seligen Jungfrau Maria und des heiligen Christophorus mit drei Altären. Also verleihen Wir hiemit auf ihre Bitten diesem Bau Kraft und Bestand (robur et confirmationem) und gestatten, daß besagte Kapelle mit ihren schon gestifteten und noch zu stiftenden Altären durch was immer für einen katholischen Oberhirten einer Diözese, die mit Unserem apostolischen Sitze Gunst und Gemeinschaft (gratiam et communionem) hat, ohne weitere Erlaubnis konsekriert werden möge. Jeder also, der diesem entgegenzuhandeln sich erkühnen würde (ausu temerario) soll wissen, daß er in die Ungnade (indignationem) des allmächtigen Gottes und der heiligen Apostel Petrus und Paulus fallen werde. Gegeben zu Rom (Datum Rome) im neunten Jahr Unseres Pontifikats."

Während Bonifaz von 1389 bis 1404 in Rom regierte, herrschte die Konkurrenz in Avignon. Sein unmißverständlicher Hinweis auf nötige „Gemeinschaft mit Unserem apostolischen Sitz" ist aus dem damals herrschenden Schisma zu erklären.

Tatsächlich dürfte die Kapelle auf dem Arlberg bereits 1398 vom Brixner Weihbischof konsekriert worden sein. Denn im folgenden Jahr bezog sich Ekhard, der Bischof von Chiemsee, schon auf die Kapelle nächst dem Hospiz. Mit Datum „Saltzburge 12. die mensis Junii anno 1399" verlieh er allen, welche die Kirche „b. Marie, b. Christofori et omnium Sanctorum in monte Arlberg" andächtig besuchten, einen Ablaß von vierzig Tagen.

Solche Ablaßbriefe konnte Heinrich von den Bischöfen von Salzburg, Chiemsee, Brixen, Freising, Trient, Chur, Konstanz, Köln, Bamberg, Würzburg, Mainz, Straßburg, Passau und Gurk einheimsen. Woraus übrigens ansatzweise zu ersehen ist, welche Gewaltmärsche der Hospizwirt im Laufe seines gar nicht so langen Lebens unternommen hatte. Wohl das letzte Dokument dieser Art, das Heinrich eigenhändig

Die aufgeschlagenen Seiten der Wiener Handschrift zeigen den Schutzbrief von Leopold III. (links) und Findelkinds Spendenaufruf „Liebe Kinder" (rechts).

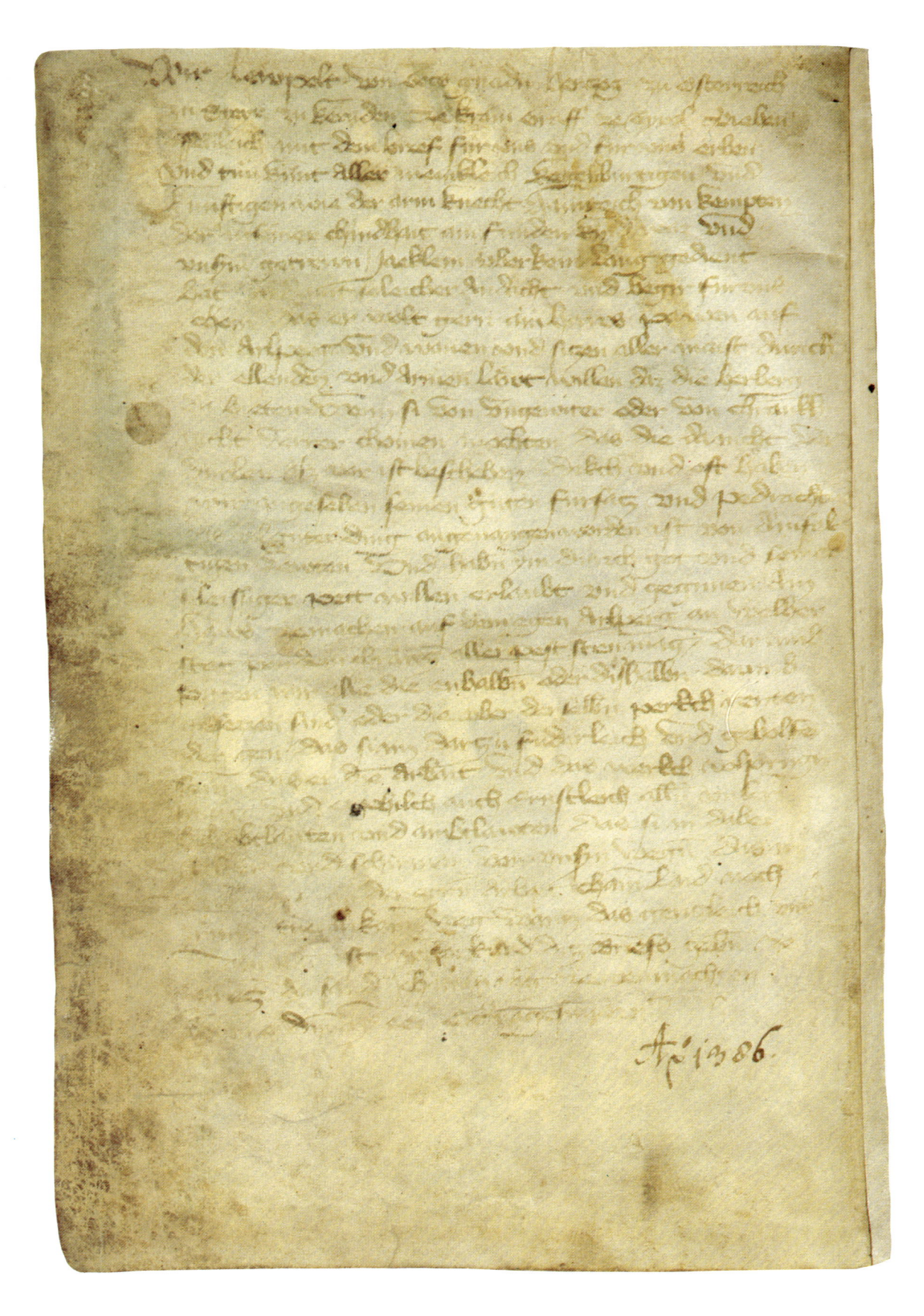

Der Schutzbrief von Leopold III., mit dem Heinrich Findelkind die Bauerlaubnis für das Hospiz am Arlberg erhielt. Wiener Handschrift.

Wappen und Eintragung von Albrecht III. mit dem Zopf in der Wiener Handschrift: „Herzog Albrecht von Österreich hat sich gebrudert zu sand christoffen auf dem adelsperg und geit all jar zwen guldein und nach sein tod zehen guldein. 1395."

Wappen und Eintragung von Albrecht IV. in der Wiener Handschrift.

Die Inschrift über dem Wappen von Jörg von Zwingenstein in der Wiener Handschrift besagt, daß „Herr Jorg von Twingenstain, Kampfschilter in Österreich" der erste gewesen ist, der daran dachte, die Wappen in die Bücher zu malen.

*Die einzig erhalten gebliebene Schildhalterin beim Wappen des Hans Urbetsch
in der Münchner Handschrift.*

„Ulricus Noseck de san gallē arlberc et zetra": Der Namensvermerk von Ulrich Noseck in der Münchner Handschrift ist das einzige persönliche Zeichen, das der bekannte Helfer Heinrich Findelkinds hinterlassen hat.

Das ausgeschabte Wappen von Heinrich Findelkind (r. o.) in der Tiroler Handschrift „Codex Figdor".

Eintragungen aus Regensburg anno 1397 in der Tiroler Handschrift „Codex Figdor".

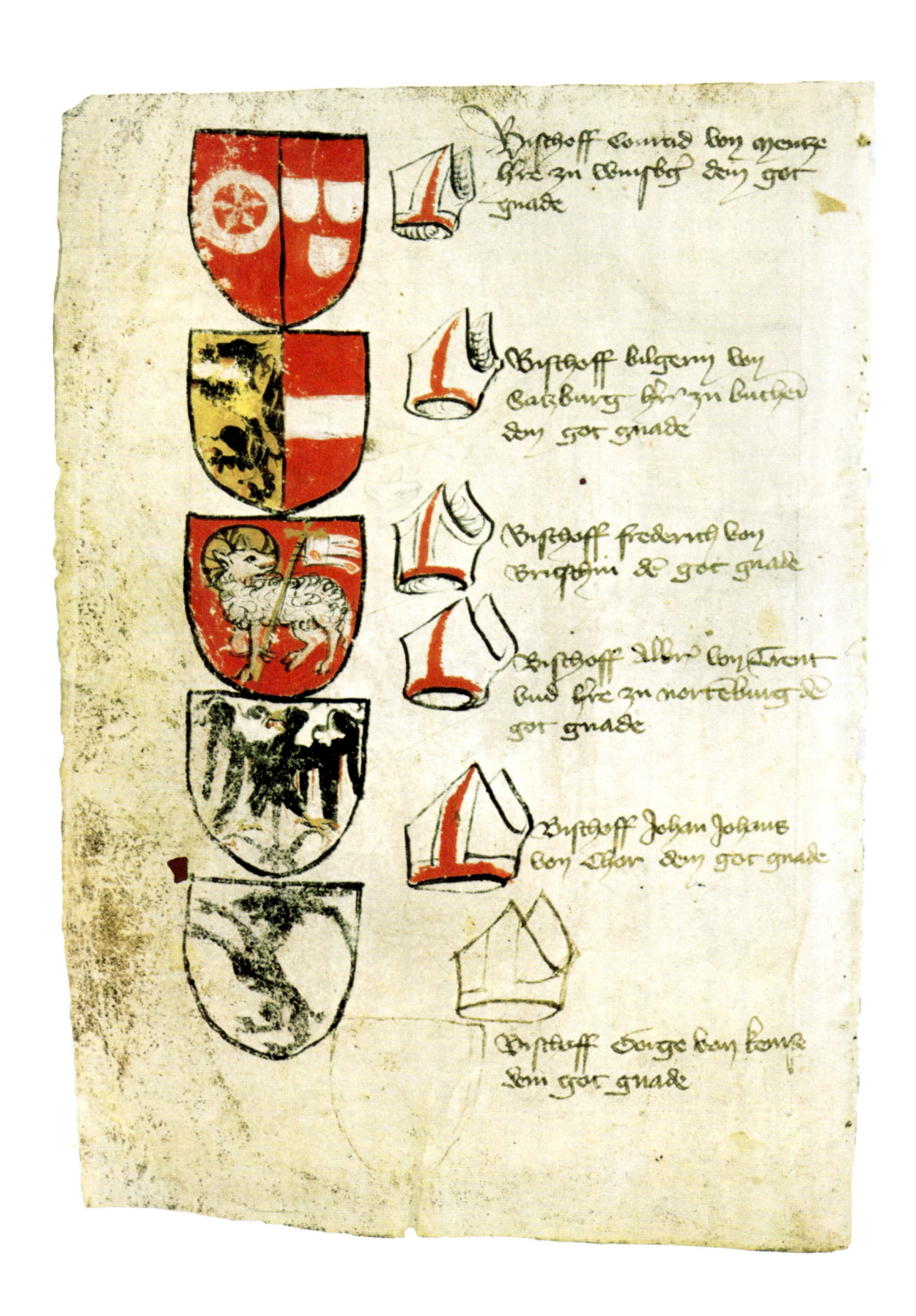

Bischoff Conrad von Wurtz
ber zu Wurtzbch der got
gnade

Bischoff Silgerin von
Saltzburg ber zu Lucher
der got gnade

Bischoff frederich von
Brichsin etc got gnade

Bischoff Albr Costantz
und her zu Nortelburg etc
got gnade

Bischoff Johan Johnes
von Chor der got gnade

Bischoff Garge von Tryste
von got gnade

Bischöfliche Eintragungen in der Tiroler Handschrift „Codex Figdor".

Herzog Lupolt von Osterich
den got gnad vnd aller sines
geselschaft

Otze der Mare von Kempte ay(n)
vat(er) der mich fant de(m) got gnad

Herzoge Albrecht von ostrich de(m)
got gnad

Herzog Ruprecht von Amperg
der Jung dem got gnad

Graff heinr von sand gans her zu
vidiltz dm im er genad

Graffe Rudolff von velk kirtx
gan thuzn weiffindem got ...

Graf Hans vo Gerhard
h° g° capellan dem
got genad

Graffe Jorge von Abmay
Thumhr ... creuze de
gnade

h(err) hanns von
Meyssaw de(m)
got gnad vnd
der topl sein diener ...

her hug vey ...
dem ... got
gnad

hanns ...

"Otze der Mare von Kempte(n) ay(n) vat(er) der mich fant de(m) got gnade" (2. Eintragung v. o.): Der Hinweis auf den Tod des Ziehvaters von Heinrich Findelkind in der Tiroler Handschrift „Codex Figdor".

Albrecht Schan vnd sein hausfraw Margret Herherstorferyn gebn all iar z pfunt dn vnd nach seinem tod x gulden

Her purkart bo Rabnstain geit all iar lx ß nach seinem tod j lb ß

Herbart bo forst git all iar xxj dn vnd nach seinem tod xxiiij dn

Her hans der holneker git all iar xxiiij dn nach sin tod j gul

Walther pengel hertzog köch geit all iar iij gß nach seine tod ain pfenning

Tegely liechtkamrer gibt all iar drey krantz vnd nach seinem tod im kerzenstuchs fu j lb pn

Die im Text angeführte Eintragung von Tegely Liechtkamrer am unteren Rand dieser Seite aus dem „Codex Figdor".

Wylhalm von Luckhn
geyt alle yar xij gl
und nach seine tod drey
guldein

Item Andrä pawmgartner
do hiue meine frn do stern
kachnsthins gibt all jar dreii
krauzer die weil er lebt
das ist pezalt auff rechts
hin fur h ß p jnvocauit
in anno dom xcij

Eintragungen anno 1394 aus dem „Codex Figdor".

Eintragungen aus dem „Codex Figdor".

*Eintragungsseiten aus dem „Codex Figdor". Die im Text angeführte Eintragung von Herrn Eberhart Karnig befindet sich unten links (3. v. o.),
ebenso die von Engelhart von Nideck, Pfarrer zu Würzburg (5. v. o.).*

Die Wappen Herzog Leopolds III. (links) und Herzog Leopolds IV. (rechts) sowie, mit dem Schild durch Kette verbunden, das Wappen seiner Gemahlin Katharina von Burgund. Aus dem „Codex Figdor".

empfangen durfte, war jenes des Patriarchen von Aquileja vom 7. Juni 1405. Der Kirchenfürst verleiht darin einen Ablaß von 40 Tagen zu Gunsten der Kapelle „in monte Arlperg", welche „Henricus de Kempten und Ulricus de s. Gallo" zu Ehren der seligsten Jungfrau und des hl. Christoph „cum missa perpetua" samt einer Behausung für die dort Vorbeireisenden erbaut haben und selbe einweihen ließen. Dieser Ablaß gilt für alle, die zur Ausführung dieses Werkes hilfreiche Hand leisten, weil die Mittel der Stifter nicht ausreichen, um das angefangene Werk zu vollenden. Der Patriarch ermahnt deshalb alle Äbte, Prälaten, Pröpste, Archidiakone, Dekane, Erzpriester und Pfarrer in seiner Diözese, daß sie die ihnen untergebenen Christgläubigen während des Gottesdienstes aufmuntern sollen, mit ihren Almosen jenes fromme Werk zu unterstützen und sich dadurch die ewige

Die Lösung des Problems bestand in der Abfassung der Botenbücher. In erster Linie dienten sie den Spendensammlern als eine Art Beglaubigungsschreiben; denn jedem Buch waren mehrere Texte beigegeben: Heinrich Findelkinds Lebensbeschreibung, die er offenbar für die Botenbücher verfaßt hatte. Weiters der Text jener Urkunde, kraft derer Leopold III. Findelkind zum Bau der Herberge ermächtigte. Schließlich Heinrichs Aufruf „Liebe Kinder" und vier bischöfliche Ablaßbriefe. Mit diesem Buch in der Hand hatte der Bote sozusagen den Fuß in der Tür. Der Angesprochene wirft einen Blick hinein, wird neugierig, beginnt zu blättern. Ein Gespräch kommt in Gang, der Bote hat die Möglichkeit, seine Überzeugungskraft zu entfalten und vom Arlberg und den dramatischen Rettungen Findelkinds zu erzählen. Das mit prächtigen Wappen geschmückte Buch tut das Seinige

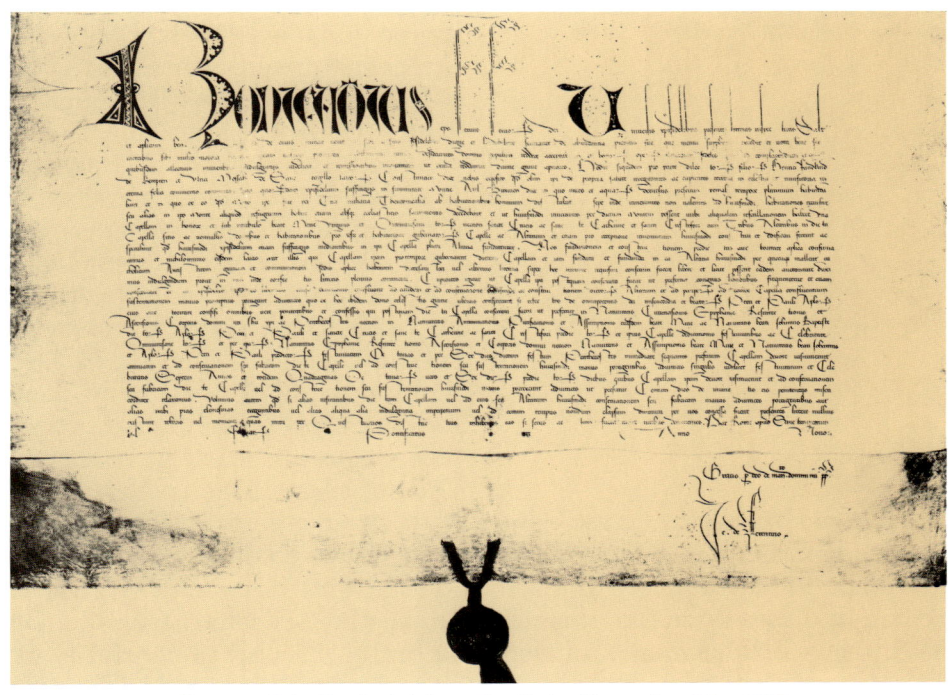

Der päpstliche Gnadenbrief von Bonifatius IX. aus dem Jahre 1397. Das Original befindet sich im Dekanatsarchiv von Zams.

Glückseligkeit zu verdienen. — Das Original dieser Urkunde befindet sich übrigens ebenfalls im Dekanatsarchiv zu Zams.
Wie konnte sich Heinrich dieser Fülle kirchlicher und weltlicher Gnadenbeweise zielführend bedienen? Von Tür zu Tür gehen und rufen: „Liebe Leute, ich komme, Euch Ablaß Eurer Sünden zu versprechen, wenn Ihr Euch brüdert zum Arlberg und alljährlich spendet für Kirche und Herberge. Und vor Euch haben sich schon gebrüdert Fürsten und andere hohe Herren"? — Dem charismatischen Findelkind hätte man vielleicht sogar Glauben geschenkt. Aber den Boten, die gleich Heinrich auszogen, um für die Bruderschaft zu werben? Ulrich Nosseck zählte zu ihnen, ferner ein gewisser Bruder Hans von Hall und Bruder Rudolff; wahrscheinlich waren es noch mehrere, ihre Zahl läßt sich nicht feststellen. Sie hätte man wohl wie Hausierer verjagt.

— hier stünde man gerne drin, dazu die Ablässe — und schon war ein neuer Bruder geworben. In zweiter Linie fungierten die Botenbücher als Mitgliedskarteien, Spendenbelege und Kassabücher. Die Genauigkeit, mit der die Eintragungen geführt wurden, vermittelte der Bruderschaft eine stets griffbereite Übersicht über ihre Eingänge.
Ihren unschätzbaren Wert verdanken die Bücher freilich der Tatsache, daß ein Zeitgenosse Findelkinds auf die Idee verfiel, den Namen der Spender ihre Wappen vorauszusetzen. Was damals möglicherweise als dekorativer Anreiz für den Beschauer gedacht war, stellt heute eine historische Kostbarkeit ersten Ranges dar.
Der Erfinder der Idee ist uns bekannt. Es ist der Tiroler Jörg von Zwingenstein, über dessen sorgfältig gemaltem Wappen im Botenbuch zu lesen steht: „Herr Jorg von Twingenstain, Kampfschilter in Österreich, der ist der Erste gewesen

Das Wappen Rudolf von Laßbergs. Darüber findet sich in der Wiener Handschrift der Hinweis, daß die Idee der Botenbücher auf ihn zurückgeht.

der daran dachte, die Wappen in die Bücher zu malen." Und eine andere Inschrift verrät uns sogar den geistigen Schöpfer der Botenbücher. „Herr Rudolff von Laßberg ist Anfänger gewesen mit dem Einschreiben in dieses Buch und mit den Sammlungen für St. Christophens Bruderschaft auf dem Arlberg."

Die Laßbergs, aus dem oberösterreichischen Ort Lasberg stammend, standen seit der Mitte des 14. Jahrhunderts bei den österreichischen Herzögen hoch im Kurs; sie hatten bedeutende Hofämter inne. Zwei Laßberger fielen mit Leopold III. bei Sempach. Auch Jörg von Zwingenstein, dessen Geschlecht in Südtirol, bei Unterinn am Ritten, seine Stammburg hatte, dürfte herzoglicher Beamter gewesen sein. Darauf deutet der Zusatz „in Österreich" hin. Kampfschilter bedeutet wohl in diesem Zusammenhang nicht Kampfschildmaler, sondern eher ein Ehrenamt, das vielleicht am ehesten mit „Kampfschildbewahrer" zu umschreiben wäre.

Zwingenstein und Laßberg, zwei gebildete, gewandte, mit allen Möglichkeiten ihres hohen Standes ausgestattete Herren — sie waren es also, die der Bruderschaft zu ihrer unglaublichen Breitenwirkung verhalfen. Hätte es Heinrich ohne sie geschafft, seine Botschaft aus der Begrenztheit des Arlberggebietes in die Welt hinauszutragen? Wohl nicht, da-

gegen spricht sein Bildungsstand und die zwangsläufige Beschränktheit seines Horizonts. Aber es schmälert sein Verdienst nicht im geringsten. Jünger sind so gut wie ihre Meister. Und Heinrich muß ein großer Meister gewesen sein, um Männer wie Laßberg und Zwingenstein für seine Idee zu begeistern und einzuspannen.

Nach herrschender wissenschaftlicher Meinung stammen Wappenmalerei und schriftliche Eintragungen in den Botenbüchern nicht von Heinrichs oder seiner Boten Hand. Letztere dürften von ihren Reisen genaue Notizen auf losen Zetteln heimgebracht haben, die nachträglich, wohl auf Zwingensteins und Laßbergs Veranlassung, von fachkundigen Schreibern und Wappenmalern in die Botenbücher eingetragen wurden.

Das Einzugsgebiet der Arlbergboten war beachtlich. Sie bereisten ganz Österreich und die Vorlande, Oberdeutschland und die Gebiete rheinabwärts bis in die Niederlande, Oberitalien und die Schweiz, Böhmen, Polen und Ungarn. Diese Strecken müssen sie mehrfach zurückgelegt haben, denn es galt nicht nur, neue Mitglieder zu werben, sondern fällige Jahresbeiträge zu kassieren. Schon aus diesem Grunde waren die Botenbücher von handlichem, reisegerechtem Format. Wie viele Exemplare es zu Heinrichs Zeit tatsächlich gegeben hat, entzieht sich unserer Kenntnis. Sicher waren es mehr als die drei erwähnten Handschriften. Das wissen wir aus der Wappensammlung des 1552 verstorbenen Sterzinger Malers Vigil Raber. Der wackere Vigil kopierte Hunderte Wappen und Namen aus den Arlbergbüchern und hinterließ den Hinweis, daß anno 1548 in der Taverne auf dem Arlberg fünf dieser Bücher in ziemlich desolatem Zustand lagen: „gar alt Scarteggen, zerprochen, zum tayl zerrissen und außer gschnitten pletern, auch schillten und zerprochenen Copertpretern (Holzdeckel, Anm. d. A.), ganz schmuzig und ubl ghalten."

Kopien und Kopisten der Arlbergbücher sind ein weites, von der Wissenschaft gründlich beackertes Feld. Wir finden sie im 16., 17. und 18. Jahrhundert. Direkten Zugang zur ersten großen Blütezeit der Bruderschaft verschaffen jedoch nur die drei Handschriften aus dem späten 14. Jahrhundert. Im Aufbau gleich konzipiert, erzählt doch jedes dieser Bücher seine eigene Geschichte.

Die sogenannte *„Wiener Handschrift"* befindet sich im Österreichischen Staatsarchiv, Abteilung Haus-, Hof- und Staatsarchiv, zu Wien. 205 der insgesamt 306 Pergamentblätter stammen aus der Zeit von 1394 bis 1420. Sie enthalten Wappenmalereien in verschiedenen Größen und Beischriften: Name des Wappenherrn, Höhe des Jahresbeitrages, die auf Ableben vermachte Summe, manchmal Wohnort, Datum und andere Vermerke. Die ersten Blätter sind mit den Wappen von fünf österreichischen Herzögen geschmückt. Im Falle Albrechts III. und Albrechts IV. sind die Schilde der Ehefrauen beigegeben. Dem Wappen Leopolds III. steht ein Blatt mit den Wappen seiner Länder gegenüber. Es folgen seitengroße Wappen des Adels, dann in bunter Reihenfolge, ohne erkennbares System, Klerus, Adel und Bürger. Die Spender entrichteten übrigens ihre Beiträge

Sämtliche Schildhalterinnen wurden, bis auf eine Ausnahme, in der Münchner Handschrift ausgeschabt.

keineswegs immer in Geld, sondern auch in Naturalien, oder im Falle des Klerus, mittels Ablässen. Den ältesten Eintragungen ist noch die formelle Beitrittserklärung beigegeben, etwa die Albrechts III. ex 1395: „Herzog Albrecht zu Österreich hat sich gebrudert zu sand Christoffen auf den Adelsperg und geit all jar zwen guldein und nach sein tod zehen guldein."

Die Wiener Handschrift ist mit ihren 523 Vollwappen reicher als die beiden anderen Handschriften. Auch Blattgold und Blattsilber wurden reichlicher verwendet und die Farben sind besser erhalten, weshalb der Schluß naheliegt, daß es sich hier um das Hauptbuch handelt, welches nicht auf Reisen ging, sondern als Schaustück auf dem Arlberg verblieb. Schließlich warb man ja auch Reisende, welche über den Paß zogen und im Hospiz einkehrten, für die Bruderschaft. Die Annahme, das Buch sei für Heinrich Findelkinds Gebrauch bestimmt gewesen und deshalb kostbarer gestaltet als die anderen, ist nicht zu beweisen; aber sie ist nicht auszuschließen.

Im 17. Jahrhundert erhielt das Buch einen neuen Einband aus rotem Samt mit Silberecken, silbernem Mittelstück und silbernen Schließen. Die Bruderschaft erlebte damals eine zweite Blüte, und neue Eintragungen wurden dem ehrwürdigen Folianten beigebunden. Bei dieser Gelegenheit stutzte der Buchbinder offenbar die alten Blätter auf ihre heutige Größe von 25 cm Höhe und 16 cm Breite zurecht. Daß etliche der alten Wappen dabei beschädigt und manche Beischriften weggeschnitten wurden, nimmt die Wissenschaft, deren Interesse überwiegend den mittelalterlichen Eintragungen gilt, dem längst verblichenen Anonymus äußerst übel.

Das zweite noch vorhandene Original der Botenbücher, die sogenannte „*Münchner Handschrift*", befindet sich im Besitz des St. Georg-Ritterordens in München. Auch dieses Exemplar ist uns nicht in seiner ursprünglichen Form erhalten. Um die Mitte des 16. Jahrhunderts erhielt es seinen jetzigen Einband, die Holzdeckel des Buches wurden mit pergamentfarbenem Kalbsleder überzogen und mit Messingschließen versehen. Auch hier war ein penibler Buchbinder am Werk, der die Pergamentblätter beschnitt. Das Buch hat ein Format von 23 x 14,5 cm und ist etwa 5 cm stark; es enthält 366 Vollwappen und 140, dicht mit Wappenmalerei und Beischriften versehene Seiten. Manche Eintragungen wurden gestrichen oder ausgeschabt und durch neue ersetzt. Der Grund ist klar: Ein Bruderschaftsmitglied war gestorben, für ein neues wurde Platz geschaffen. Irgendwann im Laufe seiner Geschichte muß der Band übrigens einem psychopathisch angehauchten Frauenfeind in die Hände gefallen sein; der Unbekannte merzte die den Wappen manchmal beigegebenen hübschen Schildhalterinnen aus. Nur eine der Damen ist seiner Aufmerksamkeit entgangen — beim Wappen des Hans Urbetsch hält sie noch heute Wacht.

Besonders bemerkenswert an der Münchner Handschrift ist jedoch die Tatsache, daß wir ihren ursprünglichen Besitzer und Boten kennen. Auf einer reich bebilderten Seite des Buches findet sich eine Heiligengruppe: der hl. Christophorus, die hl. Katharina und die hl. Barbara. Ziemlich unscheinbar, am linken Blattrand, hinter dem Rücken des hl. Christophorus, sind zwei Dreieckschilde zu sehen. Sie zeigen das Gotteslamm mit Siegesfahne und drei rote Kreuze, beides Wappensinnbilder der Bruderschaft. Darunter steht in roter Schrift geschrieben: Ulricus Nosek, de san galle arlberc et zetera. Mit diesem seinem Botenbuch im dürftigen Reisegepäck ist Ulrich also im Dienste der Bruderschaft umhergezogen, tausendfach hat er es in Händen gehalten. Der knappe rote Namensvermerk ist das einzige persönliche Zeichen, das er hinterließ. Mit ihm reicht Ulrich, die unbekannte hilfreiche Größe an Heinrichs Seite, der Gegenwart die Hand. Auf seine bescheidene Art berührt es mehr als die prächtigsten Herzogswappen.

Unter dem schön gezeichneten Namenszug Ulrichs steht in simpler Handschrift „Rudolff". Es handelt sich um jenen Boten, der das Buch, höchstwahrscheinlich nach Ulrichs Tod, übernommen hat. Während wir über Ulrichs Schicksal so gut wie nichts wissen, gibt das Botenbuch wenigstens über das Ende von Bruder Rudolffs Erdenwandel Aufschluß. Auf Seite 115 findet sich folgende Eintragung: „Jacob Ledere' purge' und Spitalmeiste' in der erb'n purge' spital ze chlost' newnpurg und mein hausfraw anna habn daz puch wid' gebn auf den arlsperg durch gotes willen als Brud' Rudolff mit dem tod ist abgange und ploz in das spital ist chome und chain geld nicht hat gehabt." Rudolff ist demnach arm wie eine Kirchenmaus im Klosterneuburger Spital verstorben, und der brave Spitalmeister machte sich auf den langen Weg zum Arlberg, um das Buch seinen rechtmäßigen Eigentümern rückzuerstatten. Zum Dank wurden er und seine Frau am Sonnabend nach Christi Himmelfahrt anno 1413 in die Bruderschaft aufgenommen, um ihrer Gnadenmittel teilhaft zu werden.

Das dritte und letzte Original der Arlbergbücher ist die *„Tiroler Handschrift"*, auch als *Codex Figdor* bekannt. Sie ist das einzige der Botenbücher, das uns in seiner ursprünglichen Form erhalten blieb. Der Umschlag aus derbem Kalbsleder zeigt die Einwirkung großer Temperaturschwankungen: er ist ziemlich geschrumpft. Kein Wunder, jahrelang trugen die Boten — ob schwitzend, frierend oder regennaß — das Buch bei sich; wie körpernah, zeigen zwei am Buchrücken festgenähte Lederschlaufen, durch die ein Trageriemen gezogen werden konnte. Das Format ist handlich, 21,5 cm hoch und 14,5 cm breit; eine lederne Klappe, im Zug der Zeit abhanden gekommen, dürfte als Verschluß gedient haben. Das Buch enthält 54 Pergamentblätter und insgesamt 507 Wappen, aber nur mehr 21 Vollwappen. Es ist also in Umfang und Gestaltung, auch was die bildlichen Darstellungen betrifft, viel bescheidener als die Münchner oder die Wiener Handschrift. Aber sie ist von ungebrochener Authentizität.

Die Eintragungen umfassen im wesentlichen den Zeitraum von 1394 bis 1407. Viele von ihnen berühren durch ihre Schlichtheit, ja Unbeholfenheit. Unvermittelt gewähren sie Einblick in Dasein und Denkweise von Menschen des Mittelalters. So gibt Herr Eberhart von Karnig der Bruderschaft „alle jar vnd hot geben vaz in got gemant hot". Herr Engelhart von Nideck, Pfarrer zu Würzburg, „git alle jar XII Regensburger vnd der bot hot den tisch". Ein Chorherr zu Brixen „vnd pfarer zu Fugen hot I brevir geben noch dem tod I guldin". Der Tegely Liechtkamrer gibt „all jar drey krautzer vnd nach seinem tod ain kertzenstumph für I lb Perner". Und wir finden den Hinweis, daß Heinrich Findelkinds Ziehvater verstorben ist: „Otze der Mare von Kempten ayn vater der mich fant dem got gnade." Alles Menschen, deren Grabsteine nicht einmal mehr stehen und von deren Existenz wir heute ebensowenig wüßten wie vom Laub des vorigen Herbstes, wenn sie sich nicht einst zu St. Christoph gebrüdert hätten.

Wie die Münchner Handschrift, wurde auch die Tiroler Handschrift Opfer eines Verstümmlers. Die Fachwelt debattiert noch immer darüber, ob er im 16., 17. oder 18. Jahrhundert am Werk gewesen ist. Fest steht jedenfalls, daß er jeden Hinweis auf Arlberg und Bruderschaft sorgfältig ausgeschabt hat. Die urkundliche Bauerlaubnis von Leopold III. etwa oder Heinrich Findelkinds Lebenslauf tilgte er völlig. Bei anderen Urkunden oder Eintragungen entfernte er nur einzelne Worte oder Sätze. Einen Großteil dieser Rasuren kann man heute glücklicherweise mittels Infrarotlicht entziffern. Die Vermutung, es könnte sich bei dem Täter um einen gemeinen Dieb gehandelt haben, der alle Anhaltspunkte bezüglich der Herkunft des gestohlenen Guts habe verwischen wollen, ist stichhaltig. Der Unbekannte hat es nämlich sorgfältig vermieden, die Wappen zu beschädigen und so den Wert des Objektes zu mindern. Wie er an das Buch geriet und an wen er es verkaufte, ist unbekannt.

Mitte des 16. Jahrhunderts finden wir das Botenbuch im Besitz des 1578 in Wien verstorbenen Hofkriegsratspräsidenten Georg Teufel, Freiherr von Guntersdorf auf Eckartsau. Später landet es in der Nostiz'schen Majoratsbibliothek und wird von Eduard Fiala in Prag erworben. 1895 ist es mit einem Mal im Handel und wird von dem Bankier Dr. Albert Figdor erstanden. Von diesem Zeitpunkt an läuft der kostbare Band unter der Bezeichnung „Codex Figdor". Irgendwann vor 1938 gerät der Codex in den Besitz des Wiener Bankpräsidenten von Höfflinger, um in den finsteren Zeiten des Dritten Reiches wieder einmal von der Bildfläche zu verschwinden. Man nimmt an, daß er 1938 vorsorglich zur Aufbewahrung in ein neutrales Land gebracht wurde.

Im Jahre 1973 taucht der „Codex Figdor" plötzlich wieder auf. Er ist die bibliophile Sensation einer Auktion in München und steht mit einem Schätzwert von DM 80.000,— zu Buche. Gottlob zeigte sich das Land Tirol hellhörig. Es erwarb den einzigartigen Band, der seither im Tiroler Landesarchiv verwahrt wird. Somit ist zumindest eines der alten „Sancti Christophori am Arlperg Bruederschafft Buecher" endgültig heimgekehrt.

Diese drei aus dem Mittelalter stammenden Botenbücher sind unsere zuverlässigsten Zeugen für die Entwicklung der Bruderschaft. Sie spiegeln den rasanten Aufstieg des barmherzigen Unternehmens, aber auch seinen Niedergang unmittelbar wider. In einem Zeitraum von nur zwanzig Jahren brachte es die Bruderschaft auf eine geschätzte Anzahl von 2000 Mitgliedern. Ihr anzugehören galt als richtig, gut und wichtig. Wie wichtig zeigt ein Akt des Gerichts zu Eppan aus dem Jahre 1414. Im Zuge eines Streites zwischen zwei Vettern aus dem Hause Boimont — es ging um Verwandtschaftsgrade und Wappentiere —, führte einer der beiden gegen den anderen ins Feld: „Mein Vetter hat mir eins getan, er will mich nit die Gans (Wappentier, Anm. d. A.) lassen inmalen in Bruder Heinrichs Buch ab dem Arlberg, wan wir doch eines Geschlechtes sein von Boimundt."

Dieser eher vergnügliche Familienzwist spielte sich freilich zu einer Zeit ab, da die Bruderschaft den Höhepunkt ihrer Bedeutung erreicht, wenn nicht gar überschritten hatte. Während des Konzils von Konstanz erfuhr sie noch einmal einen gewaltigen Zuwachs. Aber in den zwanziger Jahren des 15. Jahrhunderts versiegen die Eintragungen in den Botenbüchern. Erklärungen für den Verfall der Institution gibt es genügend: die abnehmende Wichtigkeit der Verkehrsroute Arlberg, das langsame Wegsterben der Mitglieder, die anbrechende Zeit der Reformation. Die naheliegendste Begründung ist wohl: Die Schöpfung Heinrich Findelkinds hat ihren Schöpfer nicht lange überlebt, weil mit Heinrich die treibende Kraft fehlte.

Die Nothelferidee der Bruderschaft wurde von Findelkind getragen. Der Schwung seiner inneren Überzeugung war mitreißend und brachte die Lawine der Nächstenliebe ins Rollen. Aber große Männer haben selten große Nachfolger. Heinrich ist darin keine Ausnahme. Starke Nachfolger hätten die Bruderschaft auch unter weniger günstigen Umständen bei Kräften gehalten, es gab nur keine starken Nachfolger.

Daß die Bruderschaftsidee dennoch genügend Potenz besitzt, um jahrhundertelange Dämmerschlafperioden zu überdauern, zeigt ihre Geschichte. Wenn sie eine Renaissance erlebt, ist sie stets aufs neue zu großen Leistungen fähig; aber diesen Wiederbelebungsprozeß einzuleiten gelingt immer nur charismatischen Einzelpersönlichkeiten.

Rund 250 Jahre nach Heinrich Findelkind nimmt Jakob Feuerstein, Pfarrer von Zams, das Schicksal der Bruderschaft in seine Hände. Mit ungeheurer Betriebsamkeit und viel Geschick wirbt der neue Bruderschaftsmeister für die alte Institution und verhilft ihr zu neuer Blüte. Was den guten Pfarrer dazu bewog, sich mit solcher Leidenschaft für das schlummernde St. Christoph und seine ehrwürdigen Einrichtungen ins Zeug zu legen, ist nicht bekannt. Feuerstein dürfte um das Jahr 1621 zum Oberbrudermeister bestellt worden sein und dieses Amt bis mindestens 1650 ausgeübt haben. Aus alten Visitationsakten der Diözese Brixen ist zu ersehen, daß der Visitator, Vize-Generalvikar Christoph Kircher, vom Zamser Pfarrer hartnäckig um Wiederaufrichtung und Konfirmierung der St. Christoph-Bruderschaft gebeten wurde. Feuersteins Bemühungen dürften Erfolg gehabt haben. Denn der linke Seitenaltar der Kapelle zu St. Christoph trug eine Inschrift aus dem Jahre 1650 mit dem Inhalt, daß Pfarrer Jakob Feuerstein als Brudermeister, Christoph Fritz als Baumeister und die ehrwürdige Bruderschaft diesen Altar hätten machen lassen. Das Kirchlein wurde unter Feuerstein mit Sicherheit renoviert,

Innenansicht der Kapelle von St. Christoph mit der später durch Brand zerstörten Holzkassettendecke.

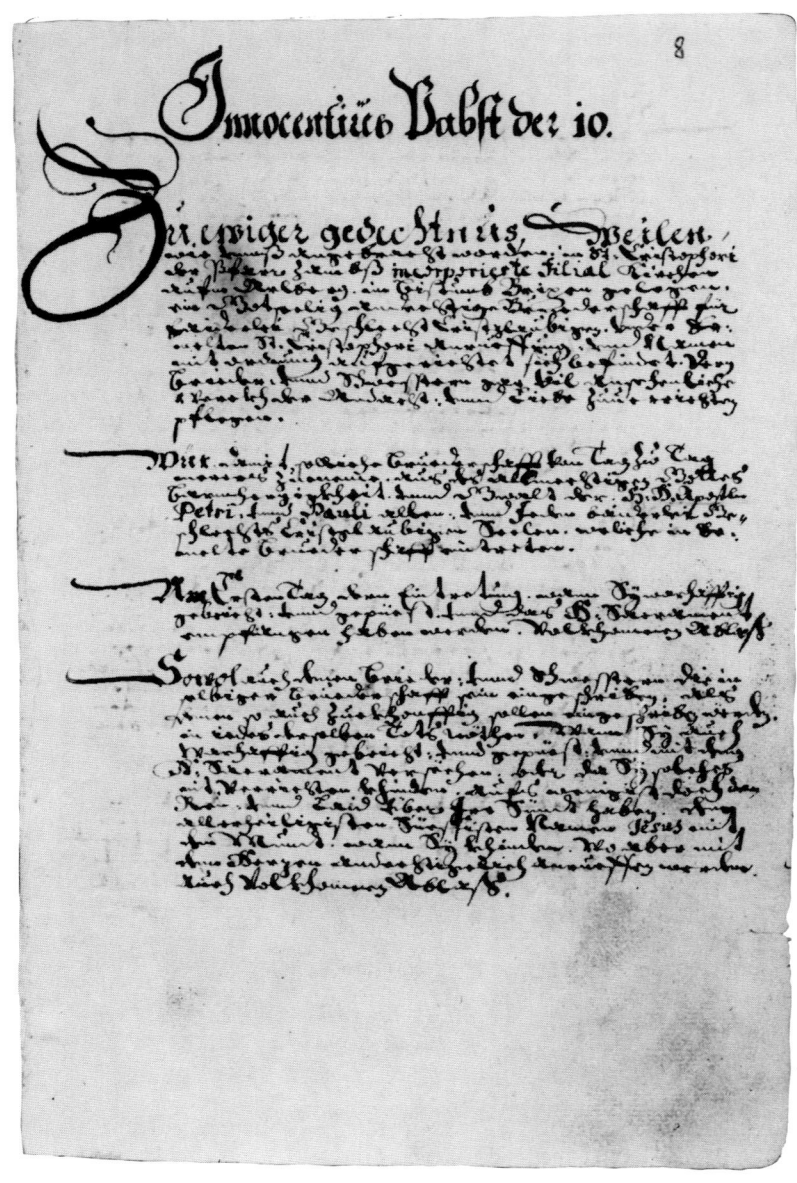

Übersetzung der päpstlichen Bulle von Innozenz X. vom 11. Juli 1647 in der Wiener Handschrift.

wahrscheinlich auch vergrößert. In der Täfelung des Langhauses, oberhalb des Chorbogens stand zu lesen: „Ecce quam bonum et quam iucundum, habitare fratres in unum. Ps. 133" Jacobus Feurstein, 1646. Seht wie gut und schön es ist, wenn Brüder in Eintracht wohnen — besser als mit diesem Bibelzitat hätte Feuerstein seine Freude über die wiedererstandene Bruderschaft gar nicht ausdrücken können. Aus der Feuerstein-Epoche stammen auch jene oben erwähnten Blätter in der „Wiener Handschrift", die neueren Datums sind und dem Haupt- und Prunkbotenbuch später beigebunden wurden. Sie mögen die Wut puristischer Heraldiker erregen oder als Stilbruch im mittelalterlichen Wappenbuch empfunden werden, aber für die neue Blüte der Bruderschaft im 17. Jahrhundert sind sie schlagender Beweis. So gelang unter Oberbruderschaftsmeister Feuerstein, was zuvor nur unter Findelkind gelungen war: die Bruderschaft wurde einer päpstlichen Ablaßbulle teilhaftig. Im dritten Jahr seines Pontifikats, am 11. Juli 1647, „vergunnet" seine Heiligkeit Papst Innonzenz X. allen Brüdern und Schwestern der löblichen Bruderschaft des hl. Christophorus einen wahren Regen von Ablässen. Aber Jakob Feuerstein leistete der Bruderschaft noch einen weiteren unschätzbaren Dienst — er faßte ihre Regeln und Statuten zusammen und ließ sie drucken.

Ob es vor dieser Drucklegung überhaupt eine schriftliche Fassung der *Bruderschaftsregeln* gab, ist höchst zweifelhaft. Heinrich selbst schilderte die Pflichten des Herbergswirtes zu St. Christoph in seinem Aufruf „Liebe Kinder": „. . . wen da all Abent außgen rueffen ich oder mein Knecht yeglicher mit 4 sne Raiffen, und wen wir imer im sne finden, den tragen wir in die ellenden Herberg . . ." Ähnlich lauteten übrigens die Statuten des 1140 von Ulrich Primele gestifteten Hospiz zu St. Valentin auf der Malser Heide. Ursprünglich in romanischer Mundart abgefaßt, hieß es darin, der Mayer von St. Valentin und seine Leute müßten jeden Abend mit Laternen, Stricken und Stangen, mit Brot und Wein gerüstet, ausgehen und rufen, ob kein verunglückter Wanderer der Hilfe bedürfe. Diese Herberge und ihre Regeln könnten Heinrich durchaus als Modell für sein Arlberg-Hospiz gedient haben. Aber es scheint ziemlich unwahrscheinlich, daß eine so weitreichende, relativ aufwendig operierende Organisation wie die St. Christoph-Bruderschaft ohne genauen Katalog von Rechten und Pflichten für ihre Mitglieder auskommen konnte.

Dank Jakob Feuerstein sind uns diese Satzungen bekannt. Der Zamser Pfarrer ließ sie im Jahre 1647 bei Michael Wagner zu Innsbruck drucken: „Regel / und Statuen / der löblichen Bruderschaft / des Hl. Märtyrers und Nothelfers Christophorus / auf dem Arlberg in der fürstlichen / Grafschaft Tirol, Bistum Brixen / gelegen. / Wie sie Anno 1386 gegründet / mit Sündennachlaß und Abläßen / versehen und bis heute erhalten / worden ist." Drucker Wagner und Verfasser Feuerstein wählten mit geschickter Devotion den „Hochwohlgeborenen Herrn, Herrn Johann Franziskus Trautsohn, Grafen zu Falkenstein, Freiherrn zu Sprechenstein und Schrofenstein (etc.)" zum Schirmherrn über ihr Büchlein. In seiner blumenreichen Widmung an Trautsohn begründet Michael Wagner diesen Schritt mit rührender Offenheit: „Nun ist es aber ein alter Brauch, daß die Verfasser und Buchdrucker sich besondere Patrone für ihre Bücher, die sie hinausgehen lassen, erwählen. So haben auch der wohlgenannte Pfarrer und ich miteinander überlegt, wohin wir uns hiermit wenden wollen. In diesem Gespräch sahen wir aber gleich das uralte Schloß und die Feste Schrofenstein, die Eure gräfliche Gnaden nahe Zams auf dem hohen schrofigen Berg über den Wassern liegen haben, eine gute Weile an, zumal dort außer den allgemein bekannten Kunstschätzen und Gottesgaben — wie nämlich im Schlosse in zwei Fässern ein guter, über 200 Jahre alter Wein und auch ein gutes frisches Wasser aus einem harten Felsen fließend zu finden sind — die Kirche und Bruderschaft auf dem Arlberg nur ungefähr eine halbe Tagesreise entfernt ist und der Weg oder die Landstraße unter selbigem Schloß vorbeiführt. Wir haben mit Verwunderung hierüber diskutiert und uns anderes mehr zu Gemüte geführt. Da kam unser gnädiger Herr und Patron zu diesem Büchlein gar schön in unseren Sinn und unsere Gedanken. Demnach haben wir uns nicht lange weiter besonnen, sondern gleich alsbald beschlossen, wem dieses Büchlein billigerweise gewidmet werden sollte, nämlich Euer hochgräflichen Gnaden, weil Sie wegen dieses Schlosses — wie bereits gesagt — nicht allein als Nachbar, auch als besonderer Liebhaber und Promotor derartiger alter Gotteshäuser und Bruderschaften hochberühmt sind." Mit diplomatischem Geschick ruft Michael Wagner dem also geköderten Trautsohn in Erinnerung, daß schon seine hochgeehrten Voreltern, die Herren zu Schrofenstein, zu den ersten Förderern des Arlberg-Hospiz gezählt hätten und unter den ersten gewesen seien, die sich im Bruderschaftsbuch hatten eintragen lassen.

Nach Wagners Widmung und seiner Vorrede „An den günstigen Leser" setzt der Verfasser den Regeln und Satzungen der Bruderschaft noch folgenden Vermerk voran: „Es ist zu wissen, daß zwar die Bruderschaft des heiligen Christophorus auf dem Arlberg von ihrer Gründung im Jahre 1386 an ihr Statut und gute Ordnung gehabt hat, welche aber aus menschlicher Gebrechlichkeit vor ungefähr 120 Jahren zu des gottlosen verdammten Luthers Zeiten etwas in Verlust geraten ist. Am Ende jedoch wurde diesem Werk durch den inbrünstigen Eifer des ehrwürdigen geistlichen Herrn Erasmus Stainer, ehemals Pfarrer in Fließ, mit sehr ersprießlicher Hilfe des edlen Festen Herrn Leonhard Gienger, Pfleger der Herrschaften Landeck und Pfunds — beide sind inzwischen verstorben — etc. wiederum geholfen, und es ist jetzt auf oftmaliges herzliches Verlangen und Begehren der Brüder und Schwestern durch den wohlangesehenen Herrn Jacob Feurstein, Kämmerer und Pfarrer zu Zams, nunmehr im 26. Jahr ordentlicher Präfekt und Oberbrudermeister, in bessere Übung und gute Ordnung wie folgt gebracht und mit gnädigster Bestätigung des hochwürdigsten Fürsten und Herrn, Herrn Johann, Bischof zu Brixen etc. in Druck gefertigt worden." Da sind sie also wieder, die nimmermüden Brüder; wie zu Heinrichs Zeiten wirken sie mit Ameisenfleiß um Gotteslohn im Dienste der Bruderschaft. Erasmus Stainer, Leonhard Gienger, Jakob Feuerstein. Die weltliche Obrigkeit läßt sich zu Spenden herab; und die geistliche gibt im günstigen Fall ihren Segen.

Die Satzungen der Bruderschaft in 15 Punkten lauten in gerraffter Form und in eine heute leichter verständliche Sprache übertragen wie folgt:

Erster Punkt. Zunächst soll als Präfekt oder Generalbrudermeister ein Pfarrer in Zams — welcher ohnedies die Seelsorge auf dem Arlberg und im ganzen Stanzertal hat — jederzeit bestellt sein, oder aber durch sein Zutun ein anderer tauglicher dafür geeigneter Priester im Gerichtsbezirk Landeck, samt einem Herrn Mitbrudermeister aus den vier Herrschaften vor dem Arlberg. Des weiteren sollen aus dem Kreis der weltlichen Brüder vier Assistenten oder „Vierer", zwei Baumeister und ein Kirchenpropst abgeordnet und eingesetzt werden.

Die Satzungen der Bruderschaft wurden anno 1647 schriftlich niedergelegt.

2. Die oben erwähnten vier Assistenten, auch „Vierer" genannt, sollen dem eingesetzten Brudermeister alle mögliche Hilfe und Unterstützung leisten, helfen, die gute Ordnung zu erhalten wie auch die Kollekte fleißig einzuholen und sie dem Kirchenpropst getreulich auszuhändigen und die Vor- und Zunahmen der verstorbenen Brüder und Schwestern dem Brudermeister beizeiten mitteilen . . .

3. Wenn jemand aus gutem Eifer und aus Andacht in diese löbliche Bruderschaft begehrt aufgenommen zu werden, sollen die genannten Vorsteher sorgfältig nachfragen, welcher Religion und Lebensführung, welchen Standes und Wandels jener sei, und ihn, falls alles gut befunden wird, ordentlich aufnehmen und einschreiben. Vor dem Eintritt sollte in die Kasse der Bruderschaft für die armen Leute, weswegen die ganze Bruderschaft begründet worden ist, ein Almosen aus gutem freien Willen erlegt und verehrt werden.

4. Wenn jemand aufgenommen und eingeschrieben ist, soll

er jährlich an einem festgesetzten Tag — wie hernach noch mitgeteilt wird — bei der Versammlung der anderen Brüder im würdigen Gotteshaus unseres heiligen Patrons Christophorus hier auf dem Arlberg erscheinen, an welchem Tag durch die ehrwürdige Priesterschaft drei heilige Ämter andächtig gehalten werden ... und nach andächtig verrichtetem Gottesdienst nochmals in die Bruderschaftskasse für die Armen nach jedermanns gutem Willen eine Spende geben. Etliche geben dafür ein für allemal einen oder zwei Gulden, doch ist dazu niemand verpflichtet.

5. Weibliche Personen, die als Schwestern dazugehören, sollen — es sei denn, sie wollten dies aus eigenem Antrieb und der Andacht wegen gerne tun — zu dieser Versammlung auf dem Arlberg wegen der Höhe des Berges zu erscheinen nicht verpflichtet sein.

6. Wenn aber ein Bruder aus erheblichen Ursachen zu diesem jährlichen Convent nicht erscheinen könnte, soll er für seine verstorbenen Mitbrüder und -schwestern in seiner Pfarre eine Seelenmesse lesen lassen. Die es aber nicht vermögen, sollen einen Rosenkranz, oder was ihr guter Wille ist, dafür beten.

7. Die genannte Versammlung soll um den Tag des hl. Johannes des Täufers und des hl. Christophorus begangen, zuvor aber durch die Herren Brudermeister — damit sie innerhalb und außerhalb des Berges verkündet werden könne — ordentlich ausgeschrieben werden. Und wenn dann wegen der weit entfernt liegenden Gemeinden, wegen der Weite des Weges und der Höhe des Berges im Gasthaus der Bruderschaft eine notwendige Mahlzeit eingenommen wird, soll dieses mit aller brüderlichen Zucht und Bescheidenheit geschehen und alle Völlerei, Ärgernis und andere Unordnung gänzlich und ernstlich verboten sein und bleiben. Wer aber dawider handeln würde, der soll durch die Vorsteher mit allem Ernst abgestraft und, wenn er sich widersetzt, ganz von der Bruderschaft ausgeschlossen werden.

8. Jeder Bruder ist verpflichtet, fleißig und wohl darauf zu achten, ob irgendwann unter den Brüdern eine Zwietracht, Grollen, Haß, Unwillen oder andere Widerwärtigkeit entstanden ist, und derartiges mit möglichstem Fleiß zu versöhnen, wenn aber seine Ermahnungen nichts helfen, dieses den Herren Brudermeistern mündlich oder schriftlich vorzubringen.

9. Wenn ein Bruder oder eine Schwester von einer Krankheit ergriffen wird, sollen sie wegen der Gottesdienste bei St. Christoph Anordnung hinterlassen. Wenn aber ein Verstorbener nicht so viel hinterlassen hat, daß man ihm seine Totenmesse halten könnte, sollten die Mittel für solchen Sterbefall aus der oben erwähnten Kasse genommen und ihm davon die ordentlichen Gottesdienste förderlich gehalten werden.

10. Jeder eingesetzte Kirchenpropst soll jährlich den Herren Brudermeistern im Beisein der „Vierer" beim Convent über alle Sachen gute Abrechnung geben.

11. Die zwei Brudermeister sollen jährlich viermal das Gottes- und Gasthaus, besonders aber vor Winteranfang nach aller Notwendigkeit sorgfältig besichtigen und, wo Verlust oder Baufälligkeiten eingetreten sind, dem General-Brudermeister — damit rechtzeitig Abhilfe geschehe — berichten, auf daß Dach und Gemach für die Armen und die durchreisenden Leute — das ist der Zweck dieser Bruderschaft — in gutem baulichen Zustand erhalten werde.

12. Der Wirt der Bruderschaft auf dem Arlberg soll gemäß dem Bestandsbrief dieser löblichen Bruderschaft hoch verpflichtet und gehorsam sein. Erstens hat er jedermann, der über den Arlberg geht, zuverlässige Auskunft über den schlechten oder guten Zustand des Weges, wie auch gute

Innentitel des Regel- und Statutenbuches von 1647.

Speise und Trank, doch um billige Bezahlung — sofern der Durchreisende eine solche aufzubringen vermag — anderenfalls aber umsonst gutwillig zu erteilen, was dem Wirt bei der Abrechnung als Ausgabe gutgebracht wird. Zum zweiten: Sooft ein armer, bekannter oder sich sonst über seinen Stand genugsam ausweisender ehrlicher Priester oder Geistlicher bei St. Christophorus eine Messe zu lesen begehrt, soll ihm gestattet und gewährt sein, diesen Gottesdienst für die verstorbenen Brüder und Schwestern Gott aufzuopfern und nach verrichtetem Gottesdienst um 18 Kreuzer Speis und Trank durch den Bestandswirt gereicht werden. Drittens soll der Wirt allzeit, wenn gefährliches Wetter einfällt, besonders zur Winterszeit, jeden Abend und jeden Morgen um die Zeit des Ave-Maria-Gebets, mitsamt seinem Knecht — jeder mit vier Schneereifen, einem Krug Wein und einem Stücklein Brot — zum aufgestellten Kreuz und den Stangen auf- und abwärts gehen und viermal mit heller, lauter Stimme rufen, ob es jemand an Hilfe mangle. Und wenn sie etwas hören oder wahrnehmen, sollen sie alsbald hineilen, sie in die Herberge führen oder tragen, und mit der notwendigen Erquickung — die es haben, gegen Bezahlung, die Armen aber umsonst — laben und speisen. Widrigenfalls soll der Wirt entlassen und dazu nach Gutdünken der Vorsteher abgestraft werden. Viertens und letztens soll der Wirt alles, was sich während des ganzen Jahres Wichtiges oder zu wissen Nötiges dort als an einem wilden Orte zuträgt, dem Pfarrer zu Zams als dem Brudermeister mündlich oder schriftlich oder, wenn er keine Gelegenheit hat, dies zu tun, dem nächsten der „Vierer", welcher es hernach berichten soll, anzeigen.

13. Ebenso werden jährlich durch jeden amtierenden Herrn Kuraten bei St. Jacob im Tal 24 heilige Messen, nämlich zwölf für die Lebenden und zwölf für die verstorbenen Brüder und Schwestern in der Bruderschaftskirche auf dem Arlberg gehalten, wofür er aus der Bruderschaftskasse die Bezahlung zu empfangen hat.

14. Jeder Bruder und jede Schwester soll . . . allezeit wöchentlich einmal, einer für den anderen, zu Ehren der Allerheiligsten Dreifaltigkeit drei Vaterunser, drei Ave Maria und ein Glaubensbekenntnis nach seiner Zeit und Gelegenheit mit Andacht beten und daneben auch ermahnt sein, sich der christlichen Liebe gegenüber ihren Mitmenschen zu befleißigen, jede Art Gotteslästerung, Ärgernis und schwere Sünde zu meiden, anderen mit gutem Beispiel voranzuleuchten . . .

15. Schließlich wird zur Verhütung jeglichen Mißverständnisses der ehrwürdige Herr Präses beim Eintritt in die vielbedachte Bruderschaft alle und jeden eingehend darüber unterrichten, daß man hierdurch keine neue Verbindlichkeit oder Verpflichtung seines Gewissens unter Androhung einer Sünde eingeht oder auferlegt bekommt, sondern daß man angetrieben wird, die heiligen Gebote Gottes und der christlichen Kirche — zu denen man ohnehin verpflichtet ist — umso eifriger einzuhalten.

Oberbrudermeister Jakob Feuerstein ließ in der Tat ein wohlbestelltes Haus zurück: Hospiz und Kirche waren in bestem Zustand; die Diözese hatte die Bruderschaft als geistliche Vereinigung konfirmiert; Regeln und Statuten steckten den Rahmen der Vereinstätigkeit ab und schufen innerhalb der Organisation klare Instanzen. Und die Bruderschaftskasse war bestens gefüllt: Schuldbriefen aus der Zeit um 1700 ist zu entnehmen, daß die Bruderschaft ansehnliche Anleihen an Bauern beiderseits des Arlberg zu einem Zinssatz von vier Prozent vergab.

Aber eine volle Kasse und Geldgeschäfte allein konnten die

Regel und Statuten wurden durch den Bischof von Brixen bestätigt.

Bruderschaftsidee nicht lange in Schwung halten. Ihres eigentlichen Sinns entleert, begann sie wieder einzudämmern. Und wieder mußten rund zweihundertfünfzig Jahre vergehen, ehe eine kleine Gruppe von Männern — mit einem Anflug Findelkind'scher Begeisterung, Feuerstein'schem Geist und zeitgenössischem Know-how gesegnet — die scheintote Bruderschaft zum Leben erweckten. Vorerst, im 18. Jahrhundert, ging es mit ihr rasant bergab. 1729 beschwert sich der Brudermeister und Pfarrer von Zams, Johann Schwenninger, bitter bei der Diözese Brixen über die in St. Christoph stationierte Grenzwache, die den Hospizwirt und seine Familie mißhandle, den Wald ruiniere und sonst allerhand Unfug treibe, wobei der Schlimmste ihr Kommandant sei. Die hochgeistliche Obrigkeit möge sich doch dieser Stiftung kräftig annehmen.

Zweiundzwanzig Jahre später erfahren wir aus einem Visitationsdekret des Fürstbischofs Leopold von Brixen, gegeben zu St. Christoph am 11. Juli 1751, daß Kirche und Hospiz dem Verfall nahe sind. Das Dach müsse erneuert, die Mauern verworfen, die Risse in denselben verschlossen werden, damit nicht das Mauerwerk selbst angegriffen werde und der Regen nicht mehr eindringe. Grimmig fordert der Kirchenfürst ferner, daß die Schlafstätten nach Geschlechtern getrennt seien und der Herd verbessert werde. Ein neuer tragbarer Altarstein sei anzuschaffen, auf dem an Bruderschaftsfesten zelebriert werden könne, der gegenwärtige sei zu klein. Und der Saal, wo die Brüder sich versammeln, sei zu reinigen. Im letzten Absatz seines Dekrets steigt Leopold der Bruderschaft noch einmal kräftig auf die Kappe: „Was die Kosten anbelangt, soll man bei Gelegenheit der Abrechnung mehr sparen, an Bruderschaftsfesten weniger Priester einladen. Der Wirt soll mehr Pachtzins zahlen, 36 Gulden sind zuwenig. Es ist leicht, Pächter zu finden, welche das Doppelte geben. Der Pfarrer von Zams, Christian Witting, soll sich rechtfertigen, wieso es kommt, daß dem Oekonomen 200 fl. wegen Brandschaden erlassen worden sind, da doch der Brand nicht die Sachen der Kirche, sondern seine Sachen betroffen hat. Es ist sonderbar, daß die große Glocke nach St. Jakob übertragen und durch eine kleinere substituiert wurde, ohne daß der Kirche in St. Christof eine Entschädigung zugekommen ist. Die Kirche in St. Jakob muß deshalb zur Restauration in St. Christof beisteuern. Leopold, Fürstbischof von Brixen."

Als dieses Dekret abgefaßt wurde, ahnten weder der zürnende Fürstbischof noch der gescholtene Pfarrer, daß die Jahre der Bruderschaft gezählt sein würden. In der Hofburg zu Wien war der älteste Sohn der Kaiserin Maria Theresia gerade zehn Jahre alt geworden. Als Kaiser Josef II., Hauptvertreter des aufgeklärten Absolutismus und größter Reformer des Hauses Habsburg sollte er in die Geschichte eingehen. Während seiner kurzen Regierungszeit, von 1780 bis zu seinem Tode 1790, gestaltete er sein Reich grundlegend um. Er hob u. a. die Leibeigenschaft der Bauern auf, schaffte die Folter ab, gewährte im sogenannten Toleranzpatent volle Religionsfreiheit, und er schloß viele Klöster. Dieser als „Josephinismus" bekannten Kirchenpolitik des Kaisers fiel auch die Bruderschaft zum Opfer. Mit Dekret vom 24. November 1783 verfügte Josef die Aufhebung aller geistlichen Bruder-

Titelbild des Regel- und Statutenbuches.

schaften in seinem Reich. Die Anordnung mußte im Laufe des Jahres 1784 vollzogen werden. Somit hörte die St. Christophorus-Bruderschaft auf dem Arlberg im dreihundertneunzigsten Jahr ihres Bestandes zu existieren auf. Ihr Vermögen betrug zu dieser Zeit noch etwa 2500 Gulden. Das Hospiz mit den dazugehörigen Wiesen und Almen fiel an den Staat. Im Jahre 1792 erwarb der ehemalige Hospizpächter Michael Matt die Herberge, welche Heinrich Findelkind mit armseligen 15 Gulden zu bauen begonnen hatte, um 1756 Gulden aus Staatsbesitz. Er war ihr erster privater Besitzer und somit aller Pflichten eines Bruderschaftswirtes auf dem Arlberg ledig.

St. Christoph, Ansicht von Süden, um 1880.

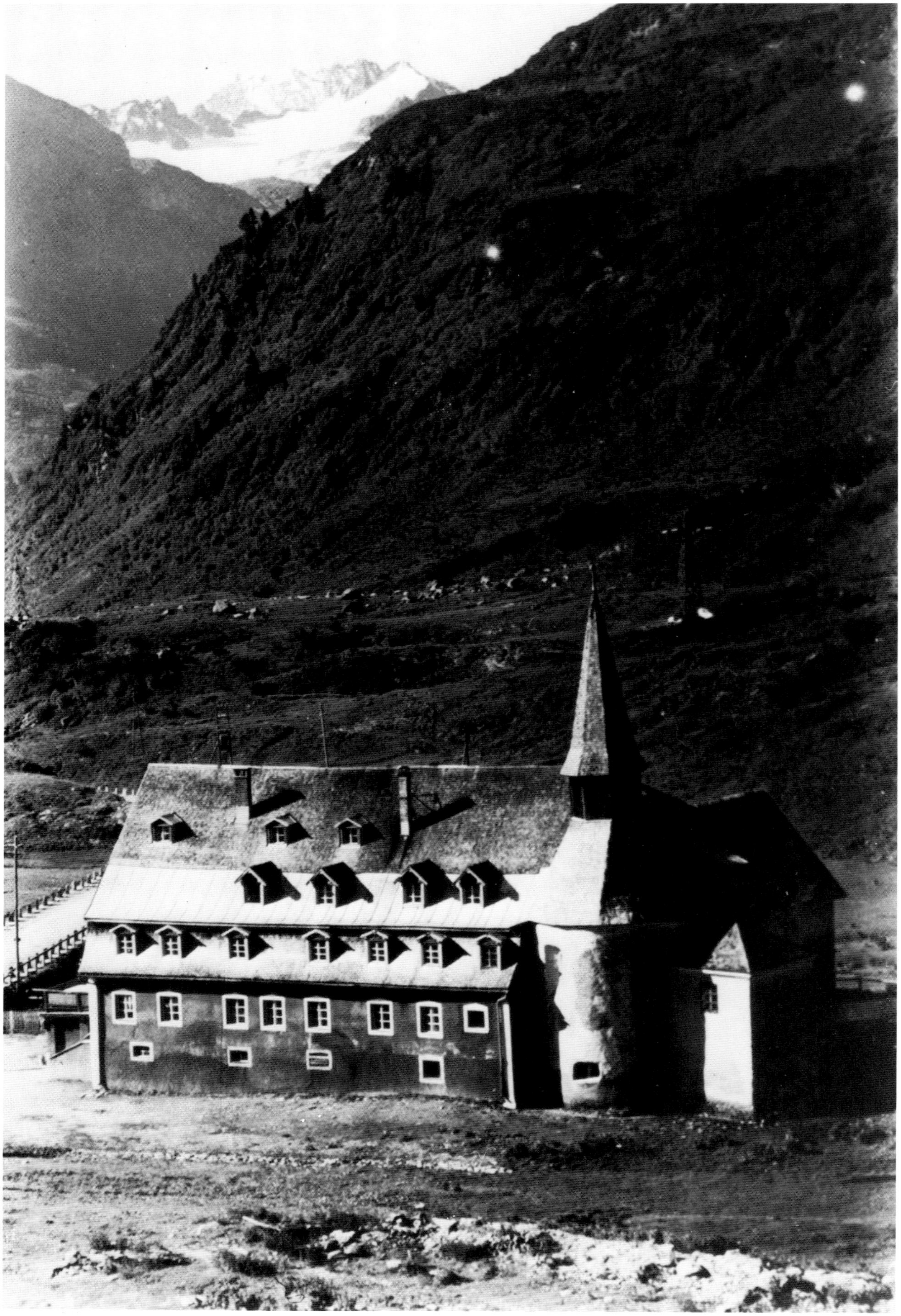

DAS ARLBERG HOSPIZ
Von der Herberge zur Taverne

Das Hospiz auf dem Arlberg war, ist und wird immer so gut sein wie seine Wirtsleute. Diese Aussage trifft freilich auf jedes beliebige Gasthaus zu. Aber als Gasthaus im gebräuchlichen Sinn des Wortes war die alte Herberge auf dem Paß nie konzipiert. Lage, Geschichte und Bestimmung des Hospiz stellen an seinen Wirt historische Ansprüche. Komfort, freundliche Bedienung, Sauberkeit und gute Küche allein sind für dieses Haus nicht genug; ohne den Geist tätiger Nächstenliebe wird es zu einer Parodie auf sich selbst — vom Hospiz zur Taverne.

Nicht von ungefähr blühte das Hospiz, wenn seine Bruderschaft blühte. Dann, und immer nur dann erfüllte der alte Gebäudekomplex am Arlbergpaß — diese untrennbare Einheit von Herberge und Kirchlein — seinen eigentlichen Zweck: Schutz, Erbauung, Dienst am Nächsten. Dafür mußte der Hospizwirt der Bruderschaft geradestehen. Er war eben nicht nur Wirt, er hatte auch Hirte zu sein.

Am vollkommensten verbanden sich diese beiden Eigenschaften mit Sicherheit im Gründer Heinrich Findelkind. Er baute sein Haus nicht zu Erwerbszwecken, sondern als Obdach für in Not geratene Reisende, die zu bergen er sich zur Aufgabe gestellt hatte. Und er baute in der Tat auf festem Grund — nämlich auf einem Felsen am Rand einer Hochmoorebene.

Wie dieses Ur-Hospiz ausgesehen hat, läßt sich auf Grund von alten, bis in die Bauphase Zwei erhalten gebliebenen Außenmauern vage vermuten. Die straßenseitige Hausfront dürfte etwa 12 m, die Tiefe des Hauses ungefähr ebensoviel betragen haben. Das Haus war zur Gänze unterkellert, aber nicht unterirdisch, sondern zu ebener Erde, um das Einsickern von Hochmoorwasser zu vermeiden. Der Keller scheint der Schneehöhe wegen von Anfang an gemauert gewesen zu sein und als Holz- und Vorratslager gedient zu haben. Der Hauseingang befand sich gut zwei Meter über dem Erdboden, um im Winter ein einigermaßen müheloses Betreten der Herberge zu gewährleisten. Zur Haustür führte eine Stiege mit etwa fünfzehn Stufen, ob gemauert oder aus Holz, ist nicht zu sagen. Das Haus war mit Sicherheit in Holzbauweise errichtet, zunächst wahrscheinlich einstöckig, mit flach geneigtem, steinbeschwertem Dach, wie man es noch heute bei Almhütten und hochgelegenen Bauernhäusern in Alpentälern antrifft.

Die Verwendung von Holz erhöhte freilich das Brandrisiko beträchtlich. So wird denn auch immer wieder behauptet, das Hospiz sei im zweiten Jahr seines Bestehens abgebrannt. Alten Erzählungen zufolge waren der arme Heinrich und Ulrich von St. Gallen Zeugen, wie ihre eben fertiggestellte Herberge niederbrannte. Angeblich befanden sie sich, mit Vorräten für den Winter beladen, auf dem Heimweg, als ein schweres Gewitter losbrach. Schon war das Haus in Sicht, da zuckte ein furchtbarer Blitz vom Himmel, und Sekunden später schossen die ersten Flammen aus dem Gebälk. Hilflos mußten die beiden Männer mitansehen, wie der Bau bis auf die Grundmauern abbrannte. Weiters heißt es, Heinrich habe den folgenden Winter notgedrungen auf der Arlenburg zugebracht, sei im Sommer fleißig und unverdrossen auf Spendensammlung ausgezogen und habe im darauffolgenden Winter bereits eine Notherberge in Betrieb nehmen können. Im Laufe der nächsten Jahre sei das Hospiz zu einem stolzen Steinhaus ausgebaut worden.

*Linke Seite: Das Arlberg-Hospiz, Ansicht um 1930.
Unten: St. Christoph am Arlberg, 1880.*

Wie alle Sagen über Findelkind ist auch diese dramatisch, aber unwahrscheinlich. Aus Heinrichs Lebenslauf läßt sich schließen, daß seine Arbeit in St. Christoph von 1386 an ziemlich kontinuierlich verlief. Rückschläge wie einen Brand und zwei verlorene Jahre hätte er vermerkt. Im übrigen ergibt sich aus einem Gesuch ex anno 1533, daß die Herberge zu diesem Zeitpunkt immer noch als feuergefährdet gegolten hat. Weshalb hätten sonst die „Kirchmair des St. Christoffs-Gotteshauses auf dem Arlberg und die ganze Gemein im Stanzerthale" den Landesfürsten um einen Beitrag zur feuerfesten Herstellung der Herberge gebeten, „da sonst im Winter viele Menschen dort zu Grunde gehen müßten".

Die St. Christophorus-Kapelle steht noch heute — im Gegensatz zum Hospiz, das in unserem Jahrhundert nach der Brandkatastrophe von 1957 etwas nach Süden versetzt wurde — genau an jener Stelle, die Findelkind ausgesucht hat. Auch sie hat Heinrich auf Fels gebaut. Mit sicherem Instinkt wählte der ortskundige Hirte die einzig möglichen Standplätze in der lawinengefährdeten Hochmoorebene. Das Kirchlein lag, nicht ganz im rechten Winkel zum Hospiz, etwa zehn Meter vom Herbergshaus entfernt und war von einem kleinen Friedhof umgeben. Erst kürzlich fand man im Zuge von Sanierungsarbeiten an einer Außenmauer der Kapelle menschliche Gebeine.

Die Eingangstür zur Kirche befand sich aus erwähntem Grund ebenfalls etwa zwei Meter über dem Erdboden. Unter der Stiege, die zum Kircheneingang hinaufführte, lag eine Tür zum Kellergewölbe, das als Lagerraum für Käse diente. Ob diese profane Einrichtung auf den frommen Heinrich zurückgeht, ist ungewiß. Jedenfalls besaß die Alpe St. Christoph immer das Recht, ihre Käselaibe im Kirchenkeller zu lagern. Dies mag im Zusammenhang damit zu sehen sein, daß die Bruderschaft von altersher Alprechte am Arlberg besaß. Welche praktischen Erwägungen Heinrich oder seine Nachfolger allerdings dazu verhielten, den Käse ausgerechnet zu Füßen des heiligen Christophorus und der Jungfrau Maria zu verwahren, bleibt unbekannt.

Aus dem Gnadenbrief von Papst Bonifax IX. ist ersichtlich, daß die Kapelle zu St. Christoph von Anfang an drei Altäre besaß. „Cum tribus altaribus" bestätigte sie der Heilige Vater. Auf die Ausgestaltung der Kirche dürfte Heinrich einen wesentlich größeren Teil der Bruderschaftskasse verwendet haben, als auf die Ausstattung des Hospiz. Im Aufruf „Liebe Kinder" berichtet er stolz, „hundert stuckh heiltum daz woll bewärt ist vnd große zaichen tunt", hätte die Bruderschaft für das Gotteshaus erworben. Und wohlfeil sind diese Heiltümer oder Reliquien sicher nicht gewesen.

Welchen Eindruck würde das Hospiz, wie es zu Findelkinds Zeit bestanden hat, wohl auf einen Menschen von heute machen? Vielleicht den einer stattlichen, gutgebauten Almhütte, mit einem kleinen Kirchlein und ein paar Viehunterständen rundum. Angesichts größter technischer Errungenschaften vermöchte uns heute das Bild der kleinen mittelalterlichen Siedlung allenfalls zu rühren. Aber für einen, der vor fast sechshundert Jahren über den gefürchteten Paß reiste, muß der Anblick einer sicheren Herberge und einer Kirche im einsamen Hochtal zunächst erleichternd, beglückend und schließlich großartig gewesen sein; ein sichtbarer Beweis dafür, daß menschliche Willenskraft mit himmlischer Hilfe jedes natürliche Hindernis zu überwinden imstande ist. So wird es auch begreiflich, daß der Ruhm des rauhen Arlberg-Hospiz mit dem kostbarer Kirchen und großartiger Burgen vergleichbar wurde; daß man ihm gerne spendete und vererbte. Denn man fand zu Recht — wie es etwa in einem Vermächtnis des Bürgermeisters und des Rates der schwäbischen Stadt Eßlingen an das „Spital" am Arlberg zu lesen steht —, „wan das wol angelegt ist".

Nach dem letzten großen Mitgliederzulauf während des Konstanzer Konzils stand erstmals ein eigener Kaplan ganzjährig im Dienste der Bruderschaft. Am 10. 2. 1421 wurde Stephan Hofkircher durch Bischof Berchtold II. von Brixen zum ersten Kaplan ernannt. Der Bischof verfügte, daß dem geistlichen Beistand auf dem Arlberg ein jährliches Salär zu zahlen und ein ordentlicher Nutzen aus Wäldern und Weiden zuzugestehen sei. Ob Stephan Hofkircher auch Nachfolger hatte oder ob mit sinkender Bedeutung der Bruderschaft diese seelsorgerische Einrichtung wieder eingestellt wurde, ist unbekannt.

Ab der Mitte des 15. Jahrhunderts wird es um die Herberge still; die Kraft der Bruderschaft versiegt. Nirgendwo findet sich ein Vermerk, wie und von wem das Hospiz in den folgenden Jahrzehnten geführt wurde. Der Arlberg steht verkehrspolitisch wieder im Abseits und ein Jahrhundert lang wird man nun von ihm so gut wie nichts mehr hören.

Daß dieser schweigsame Zeitabschnitt am Hospiz nicht spurlos vorüberging, wird im ersten Viertel des 16. Jahrhunderts offenkundig. Ein landesfürstlicher Befehl vom 14. Jänner 1523 an den Pfleger von Landeck ordnet an, daß die „Taferne" auf dem Arlberg einem tüchtigeren Wirt in Bestand gegeben werde, da der jetzige die Instandhaltung des Hauses vernachlässige. Nicht nur die am Arlberg arbeitenden Bergknappen verdienten Rücksicht, sondern auch „ander gewerbend und darzu die armen Leut, so hin und wider wandln zu jeder, besonders der Winterszeit". Man möge doch Vorsorge treffen, daß sie „gute Unterkunft, das nötige Bettgewand und Speisung" finden.

Heinrich Findelkind würde sich wohl in seinem unbekannten Grabe umgedreht haben, hätte er gewußt, was aus seinem stolzen Hospiz geworden war: eine schäbige Taverne. Für den Hospizwirt, der den landesfürstlichen Ärger erregte, mag das Geschäft mit den Knappen freilich die einzige sich bietende Verdienstmöglichkeit gewesen sein. Im Albonagebiet, westlich von St. Christoph, wurde nämlich seit dem Mittelalter Zink geschürft. Die Knappen dürften, im Unterschied zu den vereinzelten Reisenden oder armen Leuten, das Hospiz regelmäßig frequentiert haben und mit Bargeld gesegnet gewesen sein. Immerhin mußte der Wirt die stolze Jahrespacht von 36 Gulden aufbringen und in die Bruderschaftskasse zahlen. Nur eine wohlfunktionierende Bruderschaft wäre in der Lage gewesen, dem Herbergswirt auf die Finger zu sehen und ihn zur alten Ordnung zu rufen.

Die ehemalige, 1957 durch Brand zerstörte Holzplastik des hl. Christophorus in der Hospizkapelle.

Aber die Bruderschaft lag darnieder und das Hospiz ebenso. Auch der Wappenmaler Vigil Raber — jener Mann, der 1548 zu St. Christoph fünf der kostbaren Botenbücher in solch jämmerlichem Zustand vorfand, daß er sie als „gar alt scarteggen" bezeichnete —, äußerte sich eher abwertend über das Hospiz. Zwar spricht er vom Wirt als „Propst der Bruderschaft", aber die Herberge nennt auch er eine Taverne.

Erst mit Jakob Feuerstein, Pfarrer zu Zams, weht wieder ein frischer Wind auf dem Arlberg. Der rührige Oberbrudermeister brachte nicht nur die schläfrige Bruderschaft in Schwung, er gab dem Hospiz ein neues Gesicht, das es im wesentlichen bis in unser Jahrhundert hinein behielt. Feuerstein scheint eine glückliche Hand im Erschließen von Geldquellen gehabt zu haben, denn die Umbauten, die er in der Hauptsache während der vierziger Jahre des 17. Jahrhunderts vornehmen ließ, müssen ansehnliche Summen verschlungen haben.

Ob das Erdgeschoß der Herberge zu diesem Zeitpunkt bereits aus Mauerwerk oder noch aus Holz erstellt war, kann man mit Sicherheit nicht sagen. Möglicherweise hatte die Bitte der Stanzertaler und des „Kirchmair des St. Christoffs-Gotteshauses" im Jahre 1533 Erfolg gehabt, und das Hospiz war schon damals aufgemauert worden, um es vor Brandgefahr zu schützen. In jedem Falle wurde der Bau unter Feuerstein vergrößert: Er wurde nach rückwärts, bis zur Kapelle hin, verlängert und mit dieser verbunden. Durch eine Seitentür konnte man nun direkt in das Kircheninnere gelangen. Da der Fußboden der Kapelle etwa einen halben Meter höher lag als jener des Hospiz, wurde der Höhenunterschied mittels einer kleinen Treppe überwunden. Erst durch diese bauliche Verschmelzung von Haus und Kapelle entstand der optische Eindruck von Unverrückbarkeit, Sicherheit und Geborgenheit, den das Hospiz vermittelt und für den es bis heute berühmt ist.

Wie alle bedeutenden Brudermeister hat sich Jacobus Feuerstein mit besonderer Hingabe der Kapelle angenommen. Zu den Verbesserungen, die er im Inneren der Kirche vornehmen ließ, dürfte die kassettierte Holzdecke gehört haben, die bis zur Brandnacht des Jahres 1957 erhalten blieb.

In der rückwärtigen Ecke der Kapelle zwischen Haupt- und Nebeneingang stand eine kolossale, holzgeschnitzte Statue des hl. Christophorus. Ohne Frage galt diese Skulptur als das eigentliche Heiligtum des Arlberg. Der etwas unbeholfen wirkende Riese mit dem winzigen Jesuskind auf der Schulter muß es vermocht haben, seine Beschauer zu rühren. Jahrhundertelang pflegten Reisende jeden Alters und Standes dem Heiligen kleine Splitter abzuschnitzeln, um sie als Glücksbringer mit sich zu nehmen. In späterer Zeit waren es vor allem die „Schwabenkinder", die die Statue kleinweise dezimierten. Sie fühlten sich für ihren Weg ins Ungewisse erst dann einigermaßen gerüstet, wenn sie ihr Stücklein Christophorus unterm Hemd oder im Hosensack geborgen hatten. Die Ausstrahlung dieser naiven Statue muß tatsächlich von unmittelbarerer Wirkung gewesen sein, als die manch vollendeter Meisterwerke.

Auch der wundersame Christophorus verbrannte im Jahre 1957. Nur einige Fotografien sind erhalten geblieben. Aber keine von ihnen vermittelt ein besseres Bild der Figur, als die Beschreibung des Priesters Ludwig Rapp, der 1887 im Auftrage der Diözese Brixen die Kirche am Arlberg und ihren Heiligen besuchte:

„Von Alterthümern oder andern Merkwürdigkeiten besitzt das Kirchlein wenig, ausgenommen eine sehr große Statue des hl. Christophorus aus Holz an einer Seitenwand, welche offenbar in ein hohes Alter zurückreicht. Dieselbe ist über 4 Meter hoch und reicht nahezu an die Oberdecke des Kirchleins. St. Christophorus trägt einen rothen Leibrock, der in der Mitte durch einen Gürtel zusammengehalten wird; den Rücken bedeckt ein bis zu den Fußknöcheln herabhängender blauer Mantel. Der Kopf ist mit einer turbanartigen weißen Binde umwunden, das Antlitz ist ziemlich roth gefärbt und hat einen treuherzigen Ausdruck. Der Heilige trägt auf seiner linken Schulter das Christkind, welches, gleichfalls ganz roth bemalt, die Weltkugel in der linken Hand hält. St. Christoph stützt sich mit der Rechten auf einen armdicken Fichtenstamm. Leider ist diese ehrwürdige Bildsäule vom Gürtel abwärts stark verletzt, indem in früherer Zeit fast jeder Besucher dieses Kirchleins einen Splitter davon abzuschneiden pflegte, um dadurch gleichsam einen Talisman gegen die Gefahren der Reise sich zu verschaffen. Die linke Hand des Heiligen ist auf diese Weise schon ganz verlorengegangen, während die Füße desselben wie zerhackt ausschauen."

Das hohe Alter der Christophorus-Statue gab nicht nur Ludwig Rapp zu denken. Manche Kunsthistoriker datieren ihre Entstehung ins frühe 16. Jahrhundert, andere ins Frühbarock. Möglich scheint beides; in abgeschlossenen Alpentälern pflegten sich Stilrichtungen länger zu halten, Übergänge zu verschwimmen, was eine exakte zeitliche Determinierung schwierig macht. Die immer wiederkehrende Behauptung, daß Jakob Feuerstein die Heiligenfigur in Auftrag gegeben hat, ist also durchaus denkbar. Monumentaler hätte er für das Kirchlein nicht planen können; daß es dem unbekannt gebliebenen Schöpfer der Riesenskulptur dennoch gelang, seinem Werk beständige Innigkeit zu verleihen, zählt mit zu den Wundern vom Arlberg.

Das Hospiz, von Feuerstein zu neuem Glanz gebracht, und seine Bruderschaft erlebten bis ins beginnende 18. Jahrhundert gute Zeiten. Der Ablaß von Papst Innozenz X. hatte das Ansehen gesteigert; das Ende des Dreißigjährigen Krieges, von dem der Paß ja direkt nie berührt wurde, machte sich positiv bemerkbar: die Wirtschaft erholte sich und das Volk wurde wieder spendefreudiger.

Damals war der Posten eines Bestandswirtes am Hospiz ziemlich begehrt. Der Pachtzins betrug um 1667 nach wie vor 36 Gulden, hatte sich also im Laufe von 150 Jahren nicht verändert; ein Faktum, das man heute nur wehmütig belächeln kann. Von 1623 an sind uns sämtliche Pächter des Hospiz bekannt; ihre Namen sind den Matrikelbüchern der Pfarre St. Jakob zu entnehmen. Die Wirte lebten mit ihren Familien das ganze Jahr über auf dem Arlberg, etliche schlossen in der St. Christoph-Kapelle die Ehe, ihre Kinder wurden im Hospiz geboren und im Kirchlein getauft.

Mit dieser erfreulichen Kontinuität der Herberge konnte jedoch die Bruderschaft nicht mithalten. Dem Visitationsdekret des Fürstbischofs Leopold von Brixen von 1751 ist zu entnehmen, daß die alte Einheit von Bruderschaft und Hospiz nicht wiederherzustellen war. Mit der Auflösung der Bruderschaft durch Josef II. wurde die Trennung endgültig vollzogen. Heinrich Findelkinds Herberge für „Brüder in Not" existierte nicht mehr. Aus dem Hospiz war ein Gasthaus geworden.

Zunächst wirkte sich die fehlende Bevormundung durch die Bruderschaft auf das Haus nicht negativ aus. Im Gegenteil — es erlebte seine dritte große Bauphase. Josef II. hatte die Bedeutung der Arlbergroute erfaßt und trieb den Ausbau der Straße kräftig voran. Auf dem Berg herrschte also endlich wieder Leben und St. Christoph durfte sich geradezu als Hoffnungsgebiet bezeichnen. Davon profitierte auch das Hospiz. Es erfolgte ein Umbau, um mehr und vor allem unterteilte Schlafräume zu gewinnen. Durch ein modernes Steildach im Stil des französischen Dachgeschoßkünstlers Mansart konnten zwei Stockwerke dazugewonnen werden. Das neue Dach setzte erst im zweiten Obergeschoß an. Der Ansatz des alten, leicht geschwungenen Daches blieb jedoch im ersten Obergeschoß erhalten, was dem Haus einen eigenen Reiz verlieh.

In dieser Zeit erwuchs dem Hospiz zum erstenmal in seiner Geschichte bescheidene Nachbarschaft. Seit etwa 1700 diente das sogenannte Kordonistenhaus den Soldaten der Grenzwachen als Unterkunft. 1786 wurde es zum Widum umfunktioniert, denn St. Christoph erhielt wieder einen eigenen Kaplan. Den ersten dieser geistlichen Herren stellte übrigens der Hospizwirt Michael Matt — mit Erlaubnis des Zamser Pfarrers — auf eigene Kosten an, um den Straßenbauarbeitern Gelegenheit zum Meßbesuch zu geben. In der Folge wurde man sich auch höheren Orts darüber klar, daß mit zunehmendem Verkehr über den Arlberg Reisende und Fuhrleute ihren Christenpflichten würden nachkommen wollen und die Regierung Kaiser Josefs II. beschloß, einen Kaplan zu St. Christoph auf Dauer zu besolden. Dieses Amt scheint gewisse Härten beinhaltet zu haben. Denn zwischen 1786 und 1870 verwalteten es nicht weniger als vierzehn Kapläne, von denen manche schon nach wenigen Wochen aufgaben.

Dem Hospiz gegenüber wurde um 1790 ein einfaches Wegmacherhaus errichtet. Im Laufe von knapp zwei Jahrhunderten expandierte es zum heutigen Bundessportheim. Ein zweites Wegmacherhaus entstand etwa um die gleiche Zeit im Maienwald. Es machte als „Waldhäusl" Geschichte und wurde 1965 abgerissen. Mitte der neunziger Jahre baute man knapp oberhalb des Widums eine Zollhütte; sie bestand bis zum Jahre 1904. Nimmt man den alten, seit etwa 1400 bestehenden Salzstadel und die noch etwas länger bestehende Sennhütte hinzu, so kann man mit Fug und Recht behaupten, daß St. Christoph als hübscher kleiner Weiler zuversichtlich ins 19. Jahrhundert ging.

Zuversicht war jedoch nur bis etwa 1850 am Platz. Bis dahin dürfte das Hospiz floriert haben. Die Arlbergroute wurde das ganze Jahr über von Frachtfuhrwerken, Postkutschen und Privatkaleschen befahren. Reisende kehrten mit gewinnbringender Regelmäßigkeit beim Hospizwirt ein. Der Wegmacher war beschäftigt. Der Salzfaktor, der im Salzstadel hauste und für Einlagerung und Verrechnung von Salztransporten sorgte, hatte alle Hände voll zu tun. Ein großer Alpstall war errichtet worden, um vor allem im Winter den Rossen der Frächter Unterstand zu bieten. Im Widum hauste der Kaplan; er könnte, wenn er nicht gerade die heilige Messe las, die Hospizwirts- und Wegmacherkinder ein wenig unterrichtet haben. Denn Kinder gab es damals auf dem Arlberg — urkundlich nachweisbar — genug. Im großen und ganzen war St. Christoph auf dem besten Wege, sich zu einer regen Mikrogemeinde zu entwickeln. Aber der technische Fortschritt nahm ihm die Chance, die Eisenbahn schnitt ihm den Lebensfaden ab. Die Eröffnung der bayrischen Eisenbahnlinie 1858 war der erste Schlag. In kurzen Abständen folgten weitere. Schließlich nahm die Untertunnelung des Arlberg der kleinen Siedlung den letzten Rest von Existenzberechtigung. Und Heinrich Findelkinds alte Herberge machte sich ans Sterben.

Die Besitzer des Hospiz wechselten rasch, wegen des schlechten Geschäftsgangs konnten sie sich nicht lange halten. Auch die Schande einer öffentlichen Versteigerung blieb dem stolzen Haus des Heinrich von Kempten nicht erspart. Der gesamte Besitz — Gebäude, Stall, Stadel, Wiesen und Weiden — kam 1870 unter den Hammer; und fand keinen Käufer! Wie ein ungeliebtes Kind wurde er von einem zum anderen geschoben; befand sich zeitweise im Besitz der sogenannten „Zwei-Drittel-Gerichtsalpen", welche aus mehreren Stanzertaler Gemeinden bestand; wurde willig an den Pianser Gastwirt Franz Josef Laugges verscherbelt, der ihn ein Jahr später ebenso willig an die Arlberg-Dynamit-AG verkaufte.

Diese Münchner Aktiengesellschaft betrieb zwischen 1880 und 1887 eine Sprengstoff-Fabrik für den Tunnelbau. Aus Sicherheitsgründen und der zentralen Lage wegen hatte man als Standort den Maiensee auf dem Arlberg gewählt. Das Unternehmen beschäftigte rund 100 Arbeiter und benötigte dringend eine Unterkunft für die Belegschaft. Das Hospiz wurde zum Arbeiterheim, Stall und alter Salzstadel wurden zur Garage degradiert. Mit Fertigstellung des Tunnels war auch dieser Zweck erfüllt. Die Arbeiter zogen ab; im Hospiz wohnten nur noch zwei Wächter, welche das verlassene Fabriksgelände hüteten, bis die Dynamit AG im Oktober 1887 liquidiert und das ausgediente Gasthaus mit Inventar und dazugehörigen Realitäten neuerlich versteigert wurde.

Als Ludwig Rapp 1887 nach St. Christoph kam, zählte er, die beiden Fabrikswächter ausgenommen, ganze drei Einwohner und fand den Weiler rauh, eisig und öd. Keine gute Ausgangsposition für den neuen Hospizbesitzer Hermann Hirsch aus Hohenems — es dürfte sich dabei um den gleichnamigen Gründerzeitkaufmann und langjährigen Vorste-

Suche nach Zinkblende. Bergwerk St. Christoph auf den Brunnenköpfen, 1928.

her der jüdischen Kultusgemeinde von Hohenems gehandelt haben —, der das Anwesen samt Dynamitfabrik im selben Jahr ersteigert hatte. Aber die Herberge in St. Christoph war nicht mehr zu beleben. Nach zwei Jahren gab Hirsch auf und verkaufte an den Postmeister von St. Anton, Carl Schuler.

Auch Schuler, dessen Vater einige Jahrzehnte zuvor die „Alte Post" in St. Anton erworben hatte und selbst Wirt war, konnte unter den gegebenen Umständen nicht mehr auf Gewinn für das Hospiz hoffen. Er kaufte es aus familiären Gründen; sein Großvater Johann Stefan Schuler war dreißig Jahre lang Hospizwirt gewesen, seine Großmutter Maria Barbara, jüngste Tochter des ersten privaten Besitzers des Hospiz Michael Matt, führte das Haus nach dem Tode ihres Mannes noch einige Jahre weiter, bis sie an ihren Sohn Ferdinand Schuler, den Onkel Carls, übergab. Carl Schuler wollte das Hospiz aus sentimentalen Gründen im Familienbesitz wissen. Aber er hat es nicht mehr betrieben.

Das Haus stand leer und verfiel; immer wieder nisteten sich arme Wanderer, aber auch übel hausende Stromer darin ein. Sie verwüsteten das Inventar und verfeuerten Getäfel und Kirchenbänke als Brennmaterial. 1897 schien die Zeit des Hospiz endgültig abgelaufen: Am 31. Juli stellte die

Baracke für die Bergwerksbelegschaft, 1928. Später Standort der Stuag-Hütte.

Die 4 m hohe Christophorus-Statue nach ihrer Renovierung von 1899.

k. u. k. Bezirkshauptmannschaft Landeck den Antrag, alle Gebäude auf dem Arlberg aus sicherheitspolizeilichen Gründen abbrechen zu lassen. Hatte Christophorus, der verläßliche Nothelfer, endgültig die schützende Hand von seinem Kirchlein und der Herberge gezogen? Wollte er mit dem heraufdämmernden materialistischen 20. Jahrhundert nichts mehr zu tun haben? Waren die Zeiten der kleinen Wunder vom „Arl" ein für allemal vorbei?

Mitnichten. Zu lange und zu innig war dieses Haus mit der Landesgeschichte Tirols und Vorarlbergs verwoben gewesen, als daß man sich nicht beiderseits des Arlberg unverzüglich an seine Rettung gemacht hätte. Prompt und vehement wehrte sich zunächst das fürstbischöfliche Ordinariat Brixen gegen den Demolierungsantrag. Schon im August gleichen Jahres einigten sich die k. k. Regierung und die Landtage von Tirol und Vorarlberg dahingehend, daß das Hospiz erhalten bleiben sollte; im Hinblick auf den stetig steigenden Wandertourismus sollte während der Sommermonate eine „Labestation für Reisende und Touristen" eingerichtet und vom Hospizwirt Carl Schuler betrieben werden. Im Winter hingegen sollte ein eigens zu bestellender Wächter St. Christoph hüten.

Das Wunder hatte also stattgefunden. Um „ihr" Hospiz zu erhalten, überwanden die Menschen im Ländereck sogar ihr ausgeprägtes Grenzbewußtsein. Als der Vorarlberger Landeshauptmann Adolf Rhomberg 1897 seinem Landtag eindringlich ins Gewissen redete, Herberge und Kirche nicht untergehen zu lassen und einen Beitrag zum Salär des anzustellenden Winterwärters zu leisten, konnte er sich die Bemerkung nicht verkneifen: „Ich hoffe, daß der Tiroler Landtag eine kleine Subvention bewilligen wird, und so dürften im Vereine mit einer Unterstützung durch unseren Landes-Ausschuß und mit Subventionen anderer Vereine, die in Aussicht stehen, diese 200 fl. leicht aufzubringen sein. Damit wäre aber für das nächste Jahr die Gewähr geboten, daß das Hospiz nicht noch weiter zugrunde gerichtet wird. Wenn dasselbe auch nicht auf Vorarlberger Territorium steht, so ist es doch mit der Landesgeschichte so eng verwachsen, daß wir schon vom Standpunkte der Pietät verpflichtet sind, diese altehrwürdige Stätte vom Untergange zu bewahren. Neben dem Hospiz steht die Kapelle St. Christof, einst sogar eine eigene Pfarrei und auch das Widum steht heute noch aufrecht da. In dieser Kapelle sind, vom Standpunkte der Alterthumsforschung betrachtet, einige sehr wertvolle Gegenstände. Ich erinnere nur an jene altbekannte, ehrwürdige Statue des h. Christof, die einst all' den vielen Tausenden und Tausenden von Wanderern theuer war. Sie befindet sich noch in der Kirche . . ."

Die Länderallianz zur Rettung des Hospiz funktionierte also, und schon im Winter 1897/98 erhielt der einsame Christophorus auf dem Arlberg Gesellschaft. Der erste Winterwächter hieß Konrad Juen, kam aus Stuben und hauste im Widum, weil das Hospiz noch unbewohnbar war. Im darauffolgenden Sommer konnte Carl Schuler das Gebäude mit Hilfe von staatlichen Subventionen instandsetzen. Im Herbst gab er es dem Lienzer Oswald Trojer in Pacht. Wohlmeinende Ortskundige rieten dem neuen Hospizwirt dringend, irgendeine Heimarbeit anzunehmen, etwa eine Stickmaschine für seine Tochter Liesl aufzustellen, da sie sonst mit Sicherheit verarmen würden. Auf Zusatzverdienste sollte Trojer jedoch nicht lange angewiesen bleiben. Er wurde Kronzeuge einer völlig neuen Entwicklung: Mit der Jahrhundertwende brach das „goldene" Zeitalter des Arlberg an — die Schiläufer kamen.

Am 3. Jänner 1901 gründete eine kleine Gruppe arlbergbegeisterter Schifahrer in der Wirtsstube des Hospiz den legendären Skiclub Arlberg. Unter welchen Umständen diese epochale Gründung stattfand, wird im folgenden genauer berichtet. Hier sei nur soviel festgehalten: Das oftmals totgesagte Arlberg-Hospiz machte wieder Geschichte.

Der Aufstieg St. Christophs im 20. Jahrhundert vollzog sich langsam, aber stetig. Der wachsenden Sportbegeisterung der Menschen lag nicht nur ein neues Körpergefühl, sondern ein anders geartetes Naturempfinden zugrunde. Jahr-

Die Holzstatue des hl. Christophorus im Festzug in Wien zum 60jährigen Regierungsjubiläum von Kaiser Franz Joseph anno 1908.

hundertelang war der Arlberg als gefährlich und unwirtlich verschrien gewesen. Plötzlich entdeckte man seine Schönheit. Früher mußte man notgedrungen über den Paß und war froh, ihn hinter sich zu lassen. Jetzt wollte man unbedingt nach St. Christoph hinauf, um Ferien zu machen und um die Schönheit der Landschaft zu genießen.

Davon profitierte auch das Hospiz. Für den Wirt bedeutete die neue Entwicklung ein zunehmend sicheres Einkommen und im Laufe der Jahre bescheidenen Wohlstand. Das Haus wurde kleinweise verbessert und ordentlich gehalten. Auch das Kirchlein wurde renoviert. Schon 1899 besserte der Pettneuer Bildschnitzer Alois Gröbner den heiligen Christophorus kräftig aus und fertigte ihm neue Füße. Um die Figur in Zukunft vor Talismansammlern zu bewahren, verpaßte man dem Heiligen ein hüfthohes Schutzgitter.

Es blieb dem 20. Jahrhundert vorbehalten, die ehrwürdige Bildsäule auf die einzige Reise ihres vielhundertjährigen Lebens zu schicken. Anno 1908, zum 60jährigen Regierungsjubiläum Kaiser Franz Josephs verbrachte man den Riesen mit seinem Christkind in die Reichshauptstadt Wien. Er wurde auf einem Festwagen aufgebaut und defilierte im Festzug, an dem historische Gruppen aus sämtlichen Kronländern teilnahmen, am greisen Monarchen vorüber. Begleitet wurde er von der stattlichen Vorarlberger Gruppe — Jodlern, Sängern, Trachtenpaaren aus allen Talschaften Vorarlbergs und Wanderburschen in Biedermeierkleidung. Nachdem die Vorarlberger Franz Joseph ein viel bejubeltes Ständchen dargebracht hatten, durfte Christophorus wieder heim auf den Paß. Vielleicht hat diese Reise den wundersamen Nothelfer so sehr ermüdet, daß er ein paar Jahrzehnte verschlafen wollte. Jedenfalls dürfte er in der Nacht vom 6. auf 7. Jänner 1957 beide Augen zugehabt haben, sonst wäre ihm sicher nicht entgangen, daß er selbst, sein Kirchlein und das Hospiz in Flammen standen.

Oswald Trojer verließ St. Christoph im Jahre 1910. Die neuen Pächter des Hospiz waren Karl Kusche aus St. Anton

Ankunft der Wintergäste, 1931.

Raupenschlepper der Post.

und seine Frau Ottilie, die im Laufe der Jahre den Beinamen „Christoph-Tante" aquirierte. 1929 erwarben die Kusches das Hospiz von Walter Schuler, dem neuen Wirt der „Alten Post" zu St. Anton. Walter, der Sohn von Carl Schuler, ließ sein Hotel vom Architekten Clemens Holzmeister umbauen. Während seiner Tätigkeit in St. Anton konnte Holzmeister von den Kusches auch für einen bescheidenen Ausbau des Hospiz gewonnen werden. Der später weltberühmte Architekt plante die Erweiterung des Hauses um 20 Fremdenbetten und eine Zentralheizung für die neuen Räume. Ansichten aus den dreißiger Jahren zeigen, daß sich die Herberge zu einem stattlichen, gepflegten Hotel gemausert hatte. Der Autotourismus setzte ein, 1935 und 1936 fanden in St. Christoph die ersten Autoweihen statt. Der wachsende Fremdenverkehr hatte die Kusches schon einige Jahre zuvor bewogen, einen zweiten Gastbetrieb in St. Anton zu übernehmen. Im Hospiz setzten sie zunächst eine Beschließerin ein, Ende 1936 verpachteten sie an Othmar Canal aus Imst, um 1950 an dessen Familie zu verkaufen.

Zwanzig Jahre zeichnete die bekannte Imster Sippe der Canals für das Monument auf dem Berg verantwortlich. Als Othmar bei Kriegsbeginn eingezogen wurde, übernahm seine Schwester Resi die Führung des Hauses. 1950 zog beider Bruder, Dr. Carl Canal mit Frau und drei kleinen Kindern als neuer Hospiz-Wirt nach St. Christoph. Doch die junge Frau litt unter der Einschicht, der ständigen Angst vor Lawinen, der Sorge um die Kinder, die nach St. Anton zur Schule mußten ... Es sollte nicht sein. Wenige Jahre später verkauften Canals an den Vorarlberger Industriellen Arnold Ganahl.

Was den glänzenden Kaufmann und erfolgreichen Fabrikanten dazu bewog, sich ein Hotel auf 1800 m Höhe aufzuhalsen, blieb vielen, die ihn kannten, ein Rätsel. Ganahls Frau Marianne meinte, ihr Mann habe sich auf Reisen stets über die mangelnde Perfektion in der Hotellerie geärgert und wiederholt prophezeit, er werde einmal ein eigenes Hotel besitzen, um seine Vorstellungen von einem blendend geführten Haus zu realisieren. Es

Hospiz-Köchin Fini Haring und ihr Bruder Karl, 1928.

Das Hospiz-Stüberl mit dem legendären „Fräulein Anna", 1930.

84

St. Christoph am Arlberg, 1935.

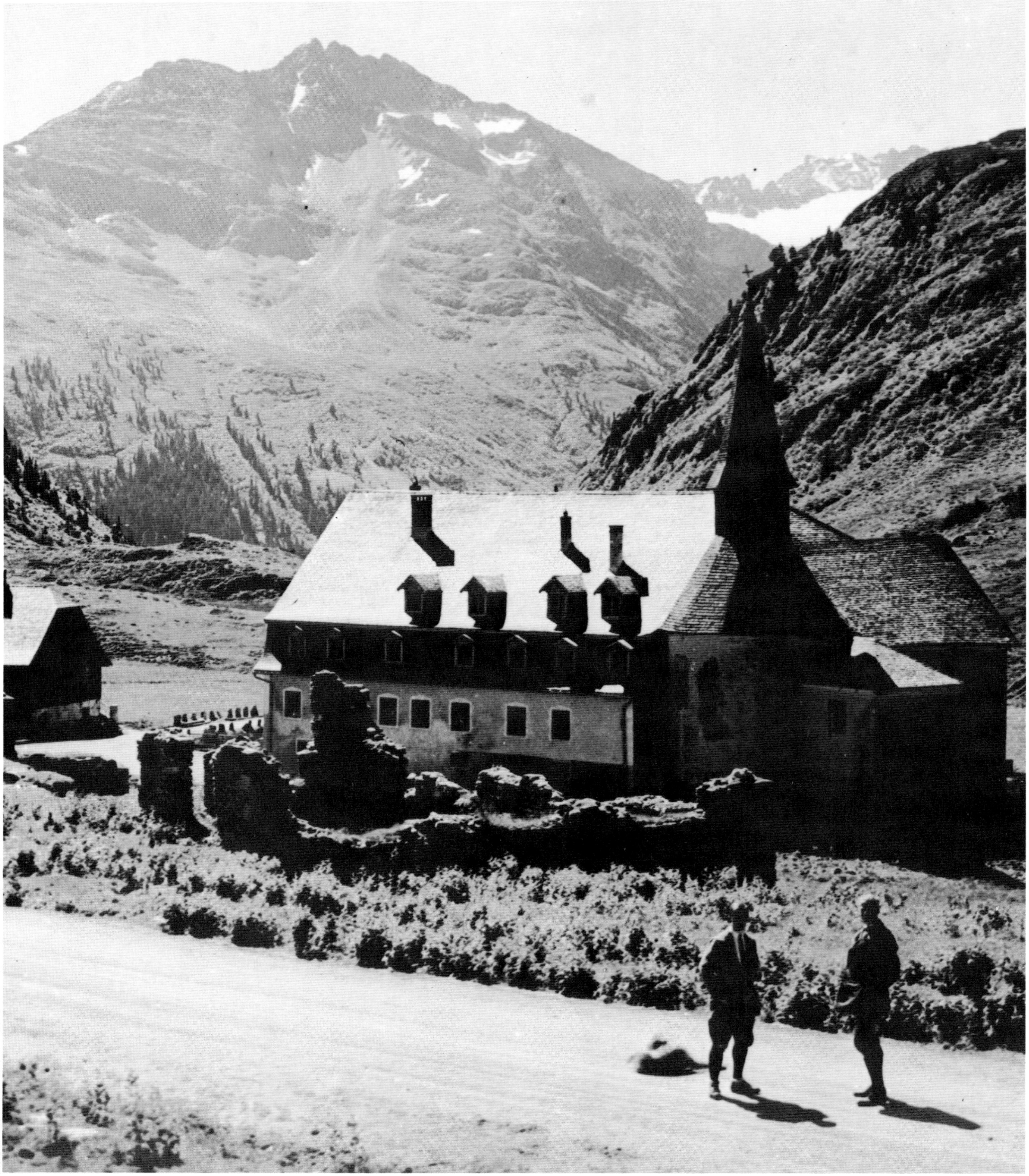

Die erste Autoweihe in St. Christoph mit Bischof Dr. Sigismund Waitz, Sommer 1934.

dürfte nur eine von vielen Überlegungen gewesen sein, die Ganahl dazu bewogen, das Hospiz zu kaufen. Er war zwar ein Dickschädel, zugleich aber ein weitblickender Unternehmer. Er entstammte einer der großen, traditionsreichen Vorarlberger Familien und hatte einen starken Bezug zu Geschichte und Bedeutung seines Landes. Insofern dürfte Ganahl St. Christoph nicht bloß als zukunftsträchtiges Fremdenverkehrsgebiet, sondern als altes, immer noch gültiges Tor zwischen Vorarlberg und den übrigen Bundesländern Österreichs gesehen haben. Dieses Tor in gewisser Weise beherrschen zu können, übte auf die kraftvolle, autoritäre Persönlichkeit Ganahls sicher einen Reiz aus. Kurzum, am 1. Dezember 1956 kaufte er das Hospiz. Daß der neue Besitzer das alte Haus nach seinem Gutdünken zu formen gedachte, stand für niemanden außer Zweifel.

Aber Heinrich Findelkinds Herberge fügte dem Erfolgsmenschen Arnold Ganahl eine schwere Niederlage zu; sechs Wochen nachdem er sie erworben hatte, entzog sie sich seinem Zugriff. In der Nacht vom 6. zum 7. Jänner 1957 brannte das Hospiz und seine Kapelle bis auf die Grundmauern nieder. Nach fünfhunderteinundsiebzig Jahren ununterbrochenen Bestandes, hundertdreiundsiebzig Jahre nachdem seine Bruderschaft zu existieren aufgehört hatte, war auch das Hospiz endgültig tot.

Wirklich endgültig? Der Arlberg war für ein Wunder immer gut. Arnold Ganahl hätte Heinrich Findelkind gefallen, seinen Pioniergeist hätte er bewundert. Denn Ganahl krempelte die Ärmel auf und baute auf. Zwei Jahre später, im Jahre 1959, war das Hospiz neu erstanden — wie Phönix aus der Asche.

Linke Seite: Das Arlberg-Hospiz, 1925. Im Vordergrund die Ruine des „Neuen Salzstadels".
Unten: Bundeskanzler Klaus mit Arnold Ganahl, 1968.

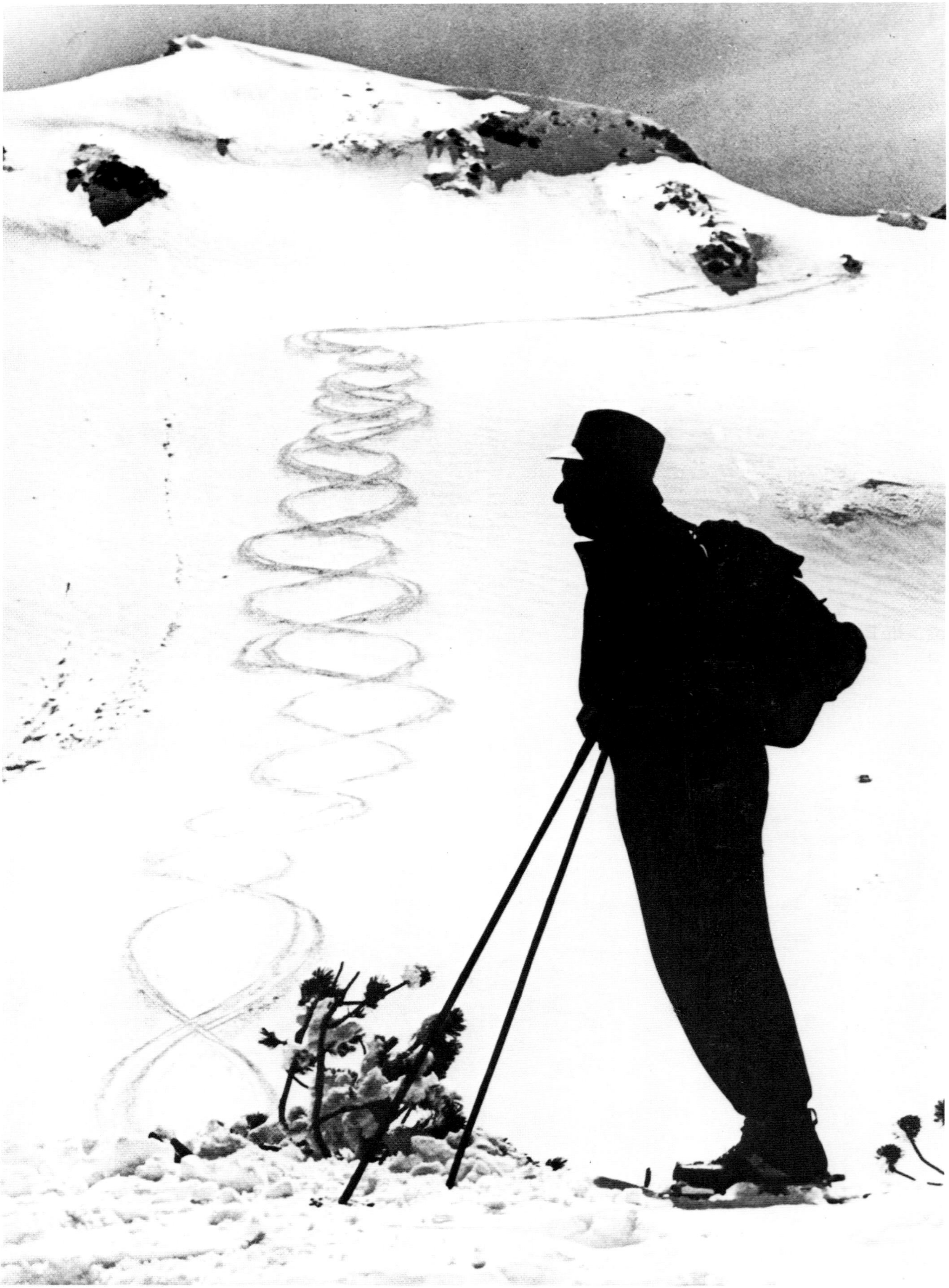

NABEL DER SCHIWELT
Beginn einer neuen Ära

Als sich der Pfarrer von Lech im Winter 1895 ein Paar Schi zulegte, wurde er milde verspottet. Noch ahnten die Leute nicht, daß die lächerlichen Holzlatten einen sensationellen Siegeszug antreten und das Leben auf dem Arlberg von Grund auf verändern würden.

Nachdem Fridtjof Nansen Grönland auf Schneeschuhen durchquert hatte, begann man sich auch in Mitteleuropa für den Schi zu interessieren. Die norwegische Art des Schilaufs — Telemark und Christiania mit starker Rücklage — war jedoch für das schwierige Gelände in den Alpen nicht ideal. Erst die Entwicklung einer eigenen Technik machte den Schisport in unseren Breiten populär. Als Begründer des alpinen Schilaufs gilt Mathias Zdarsky.

Zdarsky, 1856 in Mähren geboren, Lehrer, Maler, Bildhauer, später Landwirt, ein umfassend gebildeter und sehr sportlicher Mann, zog sich 1889 auf ein Gut bei Lilienfeld in Niederösterreich zurück. Ab 1896 widmete er sich nahezu ausschließlich der Vervollkommnung und fast missionarischen Vorbereitung seiner sogenannten „Lilienfelder Skilauf-Technik". Zdarsky zählt wohl zu den erfolgreichsten Schilehrern aller Zeiten. 20.000 Schüler hat er unfallfrei und immer unentgeltlich unterrichtet. 1896 ließ er eine von ihm erfundene Schibindung patentieren, die es erlaubte, mit der von ihm bedingungslos propagierten Körpervorlage zu fahren. Wie fast alle Pioniere hatte auch Zdarsky seine Gegner. Im Vorwort zur 2. Auflage seines Buches „Alpine (Lilienfelder) Skilauf-Technik. Eine Anleitung für jedermann, den Ski in kurzer Zeit vollkommen zu beherrschen", geht er mit ihnen ins Gericht wie folgt: „Bar aller turnerischen Grundbegriffe, mit verblüffender Unwissenheit, mit lächerlichem Eigendünkel, mit geschäftlichem Neide, mit unglaublicher Bosheit fielen die ‚Kritiker' über meine neue Bindung und meine neue Lauftechnik her. Der Angriff geschah mit solcher unverfrorenen Dreistigkeit, daß die Fernstehenden diese Ausfälle für berechtigt ansahen. Nach altbewährter Buschkleppermanier verweigerten die meisten der mich angreifenden Zeitungen eine Erwiderung. Es blieb mir also nur der lange Weg offen, Interessenten durch persönliche Leistungsfähigkeit zu überzeugen. Nach und nach kamen Herren und Damen zu mir und konnten meistens schon nach einigen Tagen alles das durchführen, was meine Gegner als Blödsinn und Schwindel brandmarken wollten."

Für den heutigen Betrachter ist dieser bebilderte Schilehrgang aus dem Jahre 1903 fast ein Schmunzelbuch. Das Stehen, Gehen, Wenden, Fahren und Bremsen unter Zuhilfenahme des damals üblichen, schulterhohen Einstocks und die Bekleidung der Schisportler von ehedem entbehren nicht einer gewissen Komik. Zdarsky gab seinen Schieleven genaue Anweisungen für ihre Ausrüstung; Schi, Schuhe, wollene Fäustlinge, Gamaschen — nichts blieb unbedacht. Den Damen riet er zum breiten „Kniebeinkleid, nicht so sehr aus ästhetischen Rücksichten, denn ein merkliches Verschieben der Kleider findet auch bei heftigen Stürzen nicht statt, . . . aber in hygienischer Beziehung sind Beinkleider vorzuziehen, da man viel leichter und dennoch wärmer angezogen ist, ganz besonders jedoch deshalb, weil der Schnee nicht so anhaften kann, wie es sonst in den Röcken nach Stürzen geschieht . . . Ein leichter Rock über dem Beinkleid wird ängstlichen Damen den Gedanken an Emanzipation nicht aufkommen lassen. Bei irgendeiner Sportübung, also

Linke Seite: Hannes Schneider, 1935.
Unten: Schifahrer mit Einstock vor dem Hospiz, um 1900.

Schikurs in St. Anton, um 1905.

auch beim Skilaufen, ein Mieder zu tragen, ist langsam wirkender Selbstmord. Eine gut sitzende Lodenjacke kann selbst der eitelsten Dame genügen..."
Dem unvermeidlichen Sturz beim Schilauf widmet Zdarsky ein ganzes Kapitel. Es ist übrigens von unverminderter Aktualität wie jeder Schischüler bestätigen wird. „Das Fallen ist die Folge des verlorenen Gleichgewichts." Wenn es mißlinge, dieses wiederherzustellen, dann, so Zdarsky, gelinge ganz sicher das Fallen, und zwar meistens der ganzen Länge nach und dazu noch bergabwärts. Nun sündige aber der Gestürzte weiter, indem er sich bemühe, aus der mißlichen Lage aufzustehen. „Alle diese krampfhaften, heftigen Anstrengungen führen meistens nicht zum Ziele", konstatiert der Altvater des alpinen Schilaufs wahrheitsgemäß. „Man bleibe vielmehr gemütlich liegen, drehe, schiebe, wälze sich solange im Schnee herum, bis man die Beine bergabwärts gebracht hat." Zdarsky muß seine Schüler beim Stürzen mit fast klinischem Interesse beobachtet haben. „Die Hände greifen in der Luft herum, wie wenn diese etwas Greifbares wäre. Und je höher die Arme ausholen, desto heftiger sausen sie hernieder, sich tief in den Schnee vergrabend. Dieser dringt durch alle Schlitze der Kleidung, mit einer Gründlichkeit und Kraft, daß der Körper von seiner Kleiderhülle fast ganz durch eine Schneeschicht getrennt ist. Das ist wirklich nicht immer sehr angenehm."
All diesen Unannehmlichkeiten zum Trotz setzte sich der Schilauf durch, Zdarskys Anhängerschaft wuchs, bis seine Einstockmethode mit Vorlage von einer neuen Technik verdrängt wurde. Etwa ab dem Jahr 1910 begann der aus Vorarlberg stammende Kaiserjägeroberleutnant Georg Bilgeri die Doppelstock- und Stemmbogenmethodik zu lehren. Das Umlernen war nicht leicht. „Der Stemmbogen, der Stemmbogen, das is' a schwere G'schicht. Die Theorie die kann ich, den Bogen kann ich nicht", stöhnten Bilgeri-Schüler über die vom Meister militärisch gedrillte, auf verstandesmäßigem Erfassen des Bewegungsablaufs beruhende Methode.

Zu einer Zeit, als Stilfragen die Schigemüter noch nicht so erregten, als Mathias Zdarsky seine Sportler in den Voralpen auf Vorlage trimmte, setzte am Arlberg bereits die hochalpine Schitouristik ein.
Am 10. Dezember 1899 bestieg Hermann Hartmann erstmals den Galzig mit Schiern. Nach erfolgreich beendeter Tour schrieb der Lindauer in das Gästebuch des Hospiz: „Mit Schneeschuhen von St. Anton nach St. Christoph in 1½ Stunden, von St. Christoph auf die Galzigspitze, 2185 m, in 2 Stunden 10 Minuten, abwärts in 18 Minuten, Schneehöhe 0,68 bis 1,60 m — herrliche Rundsicht." Ein Jahr später, am 8. Dezember 1900, finden sich die Namen Viktor Sohm und Josef Ostler im nämlichen Buch. Am darauffolgenden Tag unternahmen die beiden Männer eine Schibesteigung des Peischlkopfs. Am gleichen Tag war Hartmann auf den Peischlkopf gestiegen, gemeinsam fuhren sie „hinunter zur Arlbergstraße in 39 Minuten". Am 20. Dezember 1900 zog Hartmann mit dem Hospizwirt Trojer auf den Peischlkopf, am 21. Dezember machte er sich allein auf den Weg nach Zürs und Lech, um zur Freiburger Hütte aufzusteigen.
Diese schneebesessenen Gipfelstürmer der Jahrhundertwende fanden durchaus schon Beachtung. Am Arlberg hörte man langsam auf, bei ihrem Anblick die Köpfe zu schütteln. Vor allem die jungen Leute schauten ihnen interessiert und sehnsüchtig nach, wie sie, im wetterfesten Loden mit Schiern und Einstock, begeistert in Regionen vorstießen, die man im Winter bislang ängstlich gemieden hatte. Wie diese unternehmungslustigen Bahnbrecher des hochalpinen Schilaufs talwärts fuhren, ob mit Vorlage nach Zdarsky

Schimode in St. Anton, um 1905.

oder in norwegischer Manier, ist nicht überliefert. Wahrscheinlich haben sie schwieriges Gelände, Höhenunterschiede, Schneelage und bezwungene Gipfel mehr beschäftigt als Stilfragen.

Am Weihnachtsabend 1900 saßen sechs Freunde im Lumpenstüberl der „Alten Post" in St. Anton beisammen; sie diskutierten über das Schifahren und die hymnischen Berichte des Tourengehers Viktor Sohm vom winterlichen Arlberg, bis schließlich der Postwirt Carl Schuler eine Schitour nach St. Christoph vorschlug.

Eine Woche später, am Neujahrstag 1901, vermerkte Viktor Sohm im Fremdenbuch des Hospiz, er sei „bei heftigem Wind und Schneegestöber" von St. Anton heraufgekommen. Aber als zwei Tage später, am 3. Jänner 1901, die sechs Freunde von St. Anton nach St. Christoph aufbrachen, hatten sie Glück; es herrschte strahlendes Wetter. Der frisch verschneite Arlberg zeigte sich von seiner besten Seite.

Nach geglücktem Aufstieg kehrten die Schifahrer beim Hospizwirt Oswald Trojer ein. Man saß in der alten Wirtsstube, Liesl Trojer kochte auf; Oswald Trojer, kein Kind von Traurigkeit und ein ausgezeichneter Wirt, ließ den Glühwein nicht ausgehen. Josef Schneider begann Zither zu spielen, die Stimmung stieg; wer jemals unter ähnlichen Bedingungen in einer Hütte saß, wird die Atmosphäre nachvollziehen können. Schließlich schlug sich die Euphorie eines restlos geglückten Tages historisch zu Buche: Adolf Rybizka machte den Vorschlag, einen Schiclub zu gründen. Die Idee fand begeisterte Zustimmung, und Rybizka schrieb ins Gästebuch des Hospiz: „Durch die Natur entzückt, durch den Sport begeistert, durchdrungen von der Notwendigkeit, am

Werbetext für das Arlberg-Hospiz, um 1905.

Werbung für Luggi (Föger) Bindungen, St. Anton, um 1930.

Arlberg einen bescheidenen Sammelpunkt für die Freunde dieses edlen Vergnügens zu schaffen, fühlten sich die am extempore beteiligten Ausflügler bewogen, den Skiclub Arlberg zu gründen."

Es zeichneten als Clubobmann: Carl Schuler; Clubobmann-Stellvertreter: Dr. Rybizka; Clubkassier: Josef Schneider; Clubwart: Oswald Trojer. Als 1. Clubmitglied: Ferdinand Beil, Assistent; 2. Clubmitglied: med. F. Gerstel; 3. Clubmitglied: Liesl Trojer; 4. Clubmitglied: Rudolf Schuler.

An Ort und Stelle entwarf Gerstel das bis heute unverändert gebliebene Clubabzeichen — die berühmten gekreuzten Schi mit senkrecht stehendem Schistock — und setzte es an die rechte untere Ecke der formlosen, fröhlichen Gründungsurkunde. Links unten kritzelte einer, der wohl auch nicht mehr ganz nüchtern war, ein mit etlichen Tintenpatzen versehenes „Ski Heil" hin.

Bei Vollmond fuhren die überaus vergnügten Skiclubgründer nach St. Anton ab. Die Sterne, die sie rissen, hat keiner mehr gezählt. Früher oder später, je nach Standfestigkeit, trafen sie am späten Abend im Lumpenstüberl ein. Dem armen Beil mußte man den Stiefel vom Fuß schneiden, er hatte sich Erfrierungen zugezogen. Den Tag scheint es ihm trotzdem nicht vergällt zu haben, denn vier Jahre später schrieb er anläßlich eines Besuchs im Hospiz unter die Gründungsinschrift: „In lebendiger, angenehmer Erinnerung an diesen schön erlebten Abend rufe ich den ehemaligen Anwesenden ein herzliches ‚Ski Heil' zu."

Es steht außer Zweifel, daß dieser feuchtfröhliche Ausflug zum Hospiz Schigeschichte machte und als Geburtsstunde des Arlberg als weltberühmtes Schiparadies anzusehen ist. Die Gründung des Skiclub Arlberg (SCA) hätte durchaus eine Eintagsfliege, eine Art alpinistische Feuerzangenbowle bleiben können, doch die Gründer standen auch im nüchternen Licht des nächsten Tages zu ihrem Baby. Der Club wurde aus purer Freude am Schisport weiterbetrieben, in

Hospizwirt Oswald Trojer am Trichtergrammophon, 1910.

seinen Anfängen förderte er Schitourismus und Rennsport auf fast spielerische Weise. Die Innovationen, welche in den ersten Jahrzehnten des SCA-Bestandes auf lockere, unbemühte Initiativen hin geschahen, sind aus der perfektionierten Maschinerie des Massenschilaufs von heute nicht mehr wegzudenken. Schirennen, Schikurse, Schischule, Ausbildung und staatliche Prüfung von Schilehrern — all das wurde zunächst am Arlberg geprobt, ehe es erst hier und später anderenorts Verbreitung fand.

Sicher wäre der Arlberg auch ohne Gründung eines Schiclubs als Wintersportgebiet großen Stils erschlossen worden, weil seine Eignung hiefür gar nicht zu übersehen ist. Aber seine unangefochtene Stellung als „Wiege des alpinen Schisports" verdankt er den Aktivitäten des SCA. Als man sich in Europa und Übersee daran machte, immer neue, sensationelle Schizentren zu erfinden, hatte der Arlberg schon dreißig, vierzig und mehr Jahre Schigeschichte auf dem Buckel. Und wer immer es unternahm oder in Zukunft unternehmen wird, der Chronik des Schisports ein Kapitel hinzuzufügen, der hat oder wird es sich nicht verkneifen können, vom Arlberg ein wenig abzuschreiben.

Im zweiten Jahr seines Bestehens nahm der SCA neun weitere Mitglieder auf. Die Herrschaften waren ehrgeizige Schiläufer und wollten ihre Technik vervollkommen; die ersten Schikurse fanden statt. Im März 1902 hielten Professor Paulke und Dr. Karl Gruber den ersten Bergführerschikurs ab; zehn Mann nahmen daran teil, zum Abschluß des Kurses wurde die Valluga erklommen.

Im Laufe der nächsten Jahre wuchs die Nachfrage nach Schikursen vorerst unter den Einheimischen. Auch Viktor Sohm zählte zu den ersten Schilehrern auf dem Arlberg, er hielt seine Kurse in Zürs und Stuben ab. Zu seinen hoffnungsvollsten Schülern zählte ein Stubener Lausbub: Hannes Schneider. Der kleine Schneider war von den Schiläufern, die er daheim im Dorf gesehen hatte, tief beeindruckt gewesen. Aus Schlittenkufen hatte er sich seine ersten Schi zusammengebastelt, bis ihm eines Tages Professor Weiser, der Obmann der Sektion Ulm, ein Paar Schi schenkte. Das Ge-

Die Gründungseintragung des „Skiclub Arlberg" im Gästebuch des Hospiz vom 3. Jänner 1901.

schenk war gut angelegt. Es existiert ein Foto aus dem Jahre 1906, das eine von Sohms Schikursgruppen in Zürs zeigt; unter ihnen der unverwüstliche „Lawinen-Franz Josef" Mathies; der junge Albert Mathies aus Stuben und seine Schwester Therese, die Viktor Sohms Frau wurde; Iklé und Schallert, die mit Sohm zu den großen Erschließern des Arlberggebiets zählten, und ein frecher Bub mit Zipfelmütze, auf ziemlich langen Schiern, statt des Einstocks schon zwei richtige Schistöcke in den Fäusten, mit dem unternehmungslustigen Lachen eines, der der Welt einen Haxen ausreißen möchte. Daß er das Zeug dazu hatte, war bereits unter Beweis gestellt. Im Jänner 1903 fand in St. Christoph das erste Clubrennen des SCA statt; zu den Siegern zählte der zwölfeinhalbjährige Hannes Schneider.

Für März des gleichen Jahres hatte der SCA, dessen Mitgliederzahl inzwischen auf 48 angewachsen war, das „1. Arlbergrennen" ausgeschrieben. Wegen Schlechtwetters mußte es entfallen. Aber der Winter 1903/04 fand den Skiclub Arlberg gerüstet. Rennbestimmungen waren ausgearbeitet, Strecken festgelegt und Vorarbeiten für künftige Schirennen geleistet worden. Am 5. und 6. Jänner 1904 ging das „1. Allgemeine Skirennen" von St. Anton in Szene. Die Teilnehmer traten auf der Ulmerhütte zum „Fernlauf" an, der über den Schindlerferner, zurück zum Arlensattel und auf

Auf dem Gipfel der Valluga am 13. 3. 1902: Viktor Sohm, Dr. Chr. Müller, Eugen Heimhuber.

Schikursgruppe von Viktor Sohm in Zürs, 1906, darunter Hannes Schneider (3. v. r.) und „Lawinen-Franz Josef" Mathies (3. v. l.).

den Galzig hinauf, dann über St. Christoph nach St. Anton hinunter führte. Eine gewaltige, für die Lift- und Pistenfahrer von heute kaum mehr vorstellbare Leistung. Zum Programm dieses ersten Rennens gehörte ein „Schnell-Lauf" über 2,5 km mit 150 m Höhendifferenz, ein „Damen-Wettlauf" (2 km, 100 m) und ein Jugendlauf (1 km, 100 m), der für Knaben unter sechzehn Jahren offenstand.

Die Arlberg-Rennen wurden zur Institution. Rennleitungen anderer Orte übernahmen so manches, was dem phantasievollen SCA eingefallen war. Die Organisation wurde allgemein als perfekt angesehen. Die Rennen erfreuten sich nicht nur bei den Teilnehmern großer Beliebtheit; sie lockten eine ständig wachsende Schar von Zuschauern an. 1905 warb der SCA erstmals mit Plakaten für sein Rennen. 1906 zählte der Club bereits 99 Mitglieder, der Clubkassier konnte sorglos in die Zukunft blicken, Mitgliedsbeiträge und Spenden flossen reichlich in die Vereinskasse. Am 6. und 7. Jänner 1906 fand in Verbindung mit dem III. Arlberg-Rennen der „I. Alpine Fernlauf um die Meisterschaft von Tirol 1906" statt. Prominentester Zuschauer war Erzherzog Eugen. Im Seniorensprunglauf siegte Viktor Sohm. Der Ehrenpreis im Schaulaufen wurde Oberleutnant Georg Bilgeri zugesprochen.

Am 13. Februar 1906 feierte der Skiclub im Hospiz Oswald

Gruppenbild mit der Skiclub-Fahne nach dem Mairennen des SCA in St. Christoph, 1910, auf der Hospiz-Terrasse.

Die ersten Plakate des SCA, 1905.

Trojers 50. Geburtstag mit Musikkapelle, Tusch und bengalischem Feuer. Der Wirt revanchierte sich mit Tränen der Rührung und ungezählten Flaschen Weins; es wurde eine lange Nacht in St. Christoph. Solche und andere Feiern waren damals keine Seltenheit, obwohl der Kreis der Skiclubmitglieder groß geworden war. Aber noch kannte jeder jeden; noch förderte man das Schifahren um des eigenen Vergnügens und der allgemeinen Sportbegeisterung willen; nicht aber, um daran zu verdienen. Noch hatte der Begriff der Touristenattraktion eine unschuldige Bedeutung. So pflegten Mitglieder des SCA an klaren Weihnachtsabenden zum „Kalten Eck" hinaufzuwandern und in der Dämmerung an einem Baum des Waldes Kerzen zu entzünden. Wäre das heute noch der Brauch, würde man wahrscheinlich die Gäste aus Malmö, Mainz oder Milwaukee dienstfertig in Autobusse verladen, um sie am Lokalkolorit teilhaben zu lassen. Damals tat man es für sich, aus Freude an der Stimmung, der Natur und einer durch Geschäftsinteressen und Konkurrenzneid noch ungetrübten Kameradschaft.

1907 zeichnete sich, kaum wahrnehmbar, eine Wende ab. Der Postwirt Carl Schuler holte den Dauersieger und begnadeten Schifahrer Hannes Schneider als Schilehrer für sein Hotel nach St. Anton. Schuler witterte als erster geschäftliche Perspektiven: Die Faszination am Schilauf griff um

Ziel beim Schifernlauf in St. Anton, 1905, am Platz der später erbauten Galzigbahn.

sich wie ein Virus, mehr und mehr Menschen würden auf den Arlberg kommen, der Fremdenverkehr würde blühen, man würde sich rüsten müssen.

Vorerst aber heimste der junge Schilehrer der „Alten Post" noch Sieg um Sieg ein. Ob Lang-, Sprung- oder Schnellauf war ihm einerlei. Das Allround-Können dieser frühen Spitzenfahrer ist bemerkenswert. Wer könnte sich heute einen Slalomfavoriten auf der Sprungschanze vorstellen? Im Jahre 1907 veranstaltete der SCA einen Slalom; Schneider wurde Zweiter. Aber auf der neu errichteten Rosanna-Schanze sprang er bald über 30 Meter.

Neben den bereits zur Tradition gewordenen Arlberg-Rennen begann der SCA ab 1909 die sogenannten Mairennen in St. Christoph abzuhalten. Dieser letzte Bewerb der Saison fand jeweils am ersten Sonntag im Mai statt und erfreute sich seines eigenen Charmes wegen großer Beliebt-

Schiern auf der Schulter, die Musikanten in Stanzertaler Tracht, und die Zaungäste, die sich die Preisverteilung im Hotel Post nicht entgehen lassen wollten.

Im Jahre 1910 wurde dem Obmann des Skiclubs Arlberg, Rudolf Gomperz, und damit dem SCA, internationale Ehre zuteil. Man wählte Gomperz, der bereits seit 1908 Vorsitzender des Österreichischen Skiverbandes gewesen war, zum Vorsitzenden des Mitteleuropäischen Skiverbandes. Der rührige, aus Wien stammende und 1905 zufällig in St. Anton hängengebliebene Mann erwarb sich nicht nur um den Skiclub, sondern als eigentlicher Wegbereiter des Fremdenverkehrs um St. Anton und den gesamten Arlberg ungeheure Verdienste. Er war es, der als erster gezielte Werbung für das Dorf und die Region betrieb; er verschaffte seiner Wahlheimat erste Geldmittel aus dem 1908 für Fremdenverkehrsförderung gebildeten Regierungsfonds. Mit Hilfe dieses Gel-

Sprunglauf auf der Rosanna-Schanze, St. Anton, 1910.

heit. Die Teilnehmer trafen meistens am Tag vor dem Rennen in St. Christoph ein, übernachteten im Hospiz und gingen zur Frühmesse in die Kapelle, ehe sie starteten. Anfangs bestand der Bewerb aus den Disziplinen Fern-, Schnell- und Sprunglauf, welche alle gleich im ersten Jahr vom klaren Favoriten und Lokalmatador Hannes Schneider gewonnen wurden. In späteren Jahren wurde ein 6 km langer Geländelauf und ein Sprunglauf durchgeführt. Ersterer fand vormittags, letzterer am Nachmittag auf einer Naturschanze hinter dem Hospiz statt. Daß dieser Tag fast immer spontan zu einem Fest wurde, lag nicht nur an der Leistung der Rennläufer. Man jubelte eben allem zu — dem Sport, dem Frühling, dem Schnee, der Sonne, dem Flair von St. Christoph und der St. Antoner Musikkapelle, die schon im Ziel kräftig aufspielte. Gegen Abend marschierte man geschlossen nach St. Anton hinunter; die Läufer mit ihren

des konnte die Rosanna-Schanze, der St. Antoner Eislaufplatz und eine Rodelbahn gebaut werden.

Die Tragik des Schicksals von Rudolf Emanuel Karl Israel Gomperz wird am Arlberg gern verschwiegen. Jahrelang stand der aus großbürgerlichem jüdischem Hause stammende Ingenieur (sein Vater war Professor der Archäologie und Mitglied des Herrenhauses gewesen) im Dienste der Gemeinde St. Anton. Aus purem Idealismus und unentgeltlich. Sein Vermögen hatte er nach dem Ersten Weltkrieg größtenteils eingebüßt, den Rest nahm die Inflation. Ab 1934 sah sich Gomperz gezwungen, in ein Dienstverhältnis zu treten; er führte das Büro des Verkehrsvereins um 450 Schilling Monatsgehalt. Daß im Dritten Reich für ihn als Jude kein Platz mehr sein würde, mußte Gomperz bald erfahren. Quälende Demütigungen hatten eingesetzt. 1938 wurde er entlassen, die Reise ins Konzentrationslager hatte

Siegesfeier für Hannes Schneider in der Hospiz-Stube, 1907; von links nach rechts: Hospizwirt Oswald Trojer, Alex Schmidt, Schriftführer und Schatzmeister des D.S.V. (Deutscher Skiverband), Guy Schmidt, späterer Präsident des D.S.V., C. J. Luther, Hannes Schneider, Wirtstochter Liesl Trojer, sitzend Bernhard Trier, Erbauer des heutigen Kandahar-Hauses/Skimuseum in St. Anton.

eigentlich schon begonnen. Judenstern, Isolation, Ausweisung aus Tirol, Sammellager in Wien, 1942 Tod im KZ. Noch hat der Arlberg diesem Mann kein Denkmal gesetzt. Dem weitblickenden Gomperz also und dem SCA ist es zu danken, daß der Arlberg seine Infrastruktur frühzeitig auf den Wintersport umstellte. Aber der Ausbruch des Ersten Weltkrieges machte alle rosigen Aussichten vorerst zunichte. Die Gäste blieben aus; Hannes Schneider und die anderen jungen Spitzenläufer standen an der Front; in St. Anton wurde ein k. u. k. Militärschikurs eingerichtet. Bernhard Trier, Gomperz-Nachfolger als Obmann des SCA, fiel als einer der ersten St. Antoner im Herbst 1914. Und 1917 verstarb der Wirt zur „Alten Post", Gründungsmitglied und erster Obmann des Skiclubs Arlberg, Carl Schuler. Auch in den beiden ersten Nachkriegsjahren ging es am Arlberg noch still und traurig zu. Erst 1920 begann sich der Skiclub wieder zu regen; er hielt ein bescheidenes Mairennen ab. Etwa um die gleiche Zeit wurde der Arlberg erstmals zum Filmschauplatz. Arnold Fanck von der Freiburger Berg- und Sportfilmgesellschaft holte sich Europas beste Läufer, allen voran Hannes Schneider, für seine berühmt gewordenen Schifilme „Wunder des Schneeschuhs", „Die weiße Kunst" und „Fuchsjagd", diese halsbrecherische Schnitzelfahrt auf Schiern mit aberwitzigen Geländefahrten und Sprüngen entstand zum Großteil nicht im Engadin, sondern auf dem Arlberg.

Deutlicher als mit dem Auftauchen eines Filmteams hätte sich die Zeitenwende gar nicht bemerkbar machen können. Die zwanziger und dreißiger Jahre, diese hektische Zwischenkriegsepoche mit ihren umstürzlerischen Neuheiten, wurde am Arlberg auf eigene Weise mitvollzogen. Auf dem Gebiet des Sports hat sich hier ebenso viel Neues getan wie etwa in Berlin auf kulturellem Sektor.

Und wieder hieß der große Star Hannes Schneider. 1922 gründete er in St. Anton eine Schischule. Es war die erste der Welt, die planmäßigen, pädagogischen Schiunterricht erteilte. Die Schüler wurden je nach Können verschiedenen Klassen zugeteilt und rückten, je nach Fortschritt langsamer oder rascher, in die nächsthöhere Klasse auf. Damit schlug Schneider zwei Fliegen auf einen Schlag, der Schilehrer hatte eine leistungsmäßig ziemlich homogene Gruppe zu betreuen, und der Ehrgeiz der Kursteilnehmer wurde angeheizt. Heute klingt das vertraut und selbstverständlich. Damals bedeutete es eine Revolution in mehrfacher Hinsicht:

Hannes Schneider mit zwei seiner Schischüler in der Hospiz-Stube, 1930.

Der Besuch einer Schischule wurde für eine immer breiter werdende Masse attraktiv, Millionen hatten Schneider in Fancks Filmen gesehen und seinen Stil bewundert; die Werbewirkung kann man sich vorstellen. Aus der ganzen Welt kamen sie an, um Schneiders Technik, die als „Arlberg-Schule" Weltruhm erlangen sollte, zu erlernen. Andererseits setzte dieses Schulsystem eine genügend große Anzahl von Schilehrern voraus. Schneiders stilistischen und pädagogischen Ansprüchen gerecht zu werden, war nicht leicht. Seine Lehrer wurden sorgfältig ausgebildet, was wiederum positiv auf den Ruf der Schule rückwirkte. Überdies erschloß eine auf so breiter Basis betriebene Schischule dem Ort eine völlig neue Geldquelle. Immerhin hatte Hannes Schneider in St. Anton zeitweise 2000 Schüler um sich versammelt; das bedeutete, bescheiden gerechnet, 40.000 Friedensschilling am Tag, und auf den ganzen Winter umgelegt etliche Millionen. Schließlich begründete Schneiders System einen neuen Berufsstand. Dem Gesetz von Nachfrage und Angebot folgend, fanden sich immer mehr junge Leute, die an einer Schilehrerlaufbahn interessiert waren. Vor allem für die vom Rhythmus der Jahreszeiten abhängige bäuerliche Jugend war eine Verdienstmöglichkeit während des Winters höchst verlockend. Daß der Beruf eines Schilehrers nicht auf dem Niveau des ungelernten Jobs dahinsandelte, sondern sich zu einer flotten Zunft entwickeln konnte, ist nicht zuletzt dem Gesetzgeber zu danken. 1928 wurde in Österreich, als erstem Land der Welt, ein Bundesgesetz erlassen, das eine staatliche Schilehrerprüfung nach eigenem Lehrplan verlangte. Im Hintergrund freilich hatten viele am Zustandekommen dieses Gesetzes gearbeitet — der Österreichische Skiverband, Perfektionisten wie Hannes Schneider und andere. Daß aber die staatlichen Schilehrerprüfungen eine Domäne des Arlberg wurden und blieben, ist einem stillerer Star, als Hannes Schneider es war, zuzuschreiben: Ernst Janner.

Professor Janner, Ausbildner der Turnlehrer an der Universität Innsbruck, adaptierte 1923 das alte Wegmacherhaus gegenüber vom Hospiz zum „Winterheim St. Christoph". Es war als Unterkunft für seine Schüler gedacht, die er vor allem der sicheren Schneelage wegen nach St. Christoph verfrachtete, um sie im Schilauf zu unterrichten. 1925 wurde das Heim der Verwaltung des Bundesministeriums für Unterricht unterstellt und 1928 zum Prüfungsort für Turnlehramts-, später auch für „staatliche" Schilehrerkandidaten bestimmt. Janner leitete seine Kurse von Mitte November bis Anfang Mai. Er bezeichnete sie als „nicht nur immer besetzt, sondern meistens überfüllt". So führte er im Winter 1925/26 1000 Lehrer, Professoren, Studenten und Sportärzte „theoretisch und praktisch in die weiße Kunst" ein. Hier wird nicht gejammert, sondern gejannert, pflegten die Kursteilnehmer angesichts ihres Tagesprogramms gottergeben festzustellen. Janner selbst steckte einen Kurstag ab, wie folgt: „Die 6- bis 7stündige Tagesarbeit des Winterheimes beginnt mit dem sogenannten 2. Frühstück (skigymnastische Übungen). Anschließend folgt in den ersten Tagen das Schulfahren mit abschließenden kleinen Wanderungen, gegen Ende des Kurses werden größere und kleinere Touren unternommen. Die Kursteilnehmer werden in 3 bis 4 Gruppen eingeteilt, je nach Können, und jede Gruppe wird von einem Skilehrwart geleitet und geführt. Ein Wettlauf und Ski-Spiele beschließen den Kurs. Allabendlich werden Vorträge über alpine Ausrüstung, Skitechnik, Lawinengefahr, Erste Hilfeleistung, Hygiene des Bergsteigers und Skifahrers und Lichtbilder-Vorträge gehalten. Außerdem steht eine wohlgewählte Leihbibliothek zur Verfügung. Ein Arzt und drei Skilehrer sind Hilfskräfte. Der ganze Betrieb steht in eigener Regie; in der Küche waltet eine Köchin und für die Hausordnung sorgt die Hausmagd. In einer vollkommen

Blick vom Galzig auf St. Christoph, 1932; im Vordergrund Karl Klimmer, Wirt des Hotels „Arlberghöhe".

DIE SKILEHRER DER HANNES-SCHNEIDER-SCHULE

St. Antoner Schilehrer, 1930.

eingerichteten Skiwerkstätte werden von fachkundiger Hand alle notwendigen Reparaturen durchgeführt."
Die von Janner erwähnten Schispiele erfreuten sich übrigens trotz tückisch unterlegter Lehrziele größter Beliebtheit. Das Äpfelauflesen etwa, im Schuß bergabfahren, auf der Strecke aufgelegte Äpfel mit einer Hand aufklauben und in die Hosentasche stecken, in voller Fahrt, versteht sich.
Oder das Würstelhaschen: An einem Holzgalgen wurde ein Würstel befestigt, und zwar so hoch, daß es der bergabfahrende Läufer nur im Hochsprung erwischen konnte. Die Erfindungsgabe des Schiprofessors kannte keine Grenzen, wenn es darum ging, seine Schüler auf Schiern in Bewegung zu halten. Berg- und Talwettläufe, Einbeinfahrten und Schneeballschlachten auf Schiern wurden inszeniert und in Fachkreisen, vor allem in deutschen, als Lehrmethode ernsthaft diskutiert.
Als Leiter des Winterheims wurde Professor Janner 1929 vom Kufsteiner Schilehrer Otto Rzipa abgelöst. Von 1935 bis 1937 führte Stefan Kruckenhauser das zum „Bundesheim" avancierte Winterheim. Es war die erste von vielen Amtsperioden des genialen „Kruck", der schon zu seinen Lebzeiten als ein Stück Arlberglegende galt. Während des

Schigäste mit Mitarbeitern des Hospiz, 1925.

Dritten Reiches war das in „Staatliches Schiheim" umbenannte Haus in fremden Händen, aber bald nach Kriegsende trat Kruckenhauser wieder an. Er prägte die schließlich zum „Bundessportheim" mutierte Gralsburg österreichischen Schilaufs wie kein anderer. Er regierte mit eiserner Hand. Er bildete Schilehrer erster Güte aus. Und er ersparte seinen „staatlich Geprüften" nichts. Mit schlotternden Knien erwarteten die Absolventen der Lehrgänge, durchwegs harte Burschen, sein Urteil. Kruckenhauser, der „Schiprofessor", revolutionierte mit seinem „Österreichischen Schilehrplan" den Schilauf in aller Welt, indem er das Wedeln propagierte. Im Jahr 1972 übergab er Haus und Amt an seinen Schwiegersohn, Professor Franz Hoppichler. Der neue Boss im Bundessportheim wurde ein würdiger Nachfolger „Krucks", wenngleich ein wenig liberaler, zumindest was den Schistil betrifft. „Hoppis" Schilehrpläne entschärften das Wedeldiktat und führten behutsam zum Schwingen. Die neueste Schistildevise des Interschipräsidenten Hoppichler: „Erlaubt ist, was die Situation verlangt, nichts extrem, alles locker." Die interne Bezeichnung der neuen Technik lautet „Stengan S' bequem". Ob „Kruck" sie gutgeheißen hätte? Der alte Schipapst verstarb 1988, im Alter von 82 Jahren.

Zurück in die Zwischenkriegszeit: Neben dem kometenhaf-

St. Christoph am Arlberg, 1925.

An einen Haushalt   Postgebühr bar bezahlt

TÄTIGKEITSBERICHT 1997/98

der

Bruderschaft St. Christoph

auf dem Arlberg

BRUDERSCHAFTS-RAT:
PRÄSIDENT: Abt Josef Maria Köll – Stams, **BRUDERSCHAFTSMEISTER:** Adolf Werner – St. Christoph, **GEISTL. ASSISTENT:** Bruno Decristoforo – St. Anton, **EXPOSITURLEITER:** Cons. Prof. Richard Robin – Stams, **SCHATZMEISTER:** Gerda Werner – St. Christoph, **RECHNUNGSPRÜFER:** Karl Tschol – St. Anton + Bgm. Ludwig Muxel – Lech, **RATSMITGLIEDER:** Thomas Brändle – Stuben, Bgm. Komm.-Rat Erich Brunner – Klösterle, Dr. Benno Elbs – Feldkirch, Margit Falkner – St. Anton, Dr. Reinhard Haller – Feldkirch, Herbert Jochum – Zürs, Baurat Dipl.-Ing. Fritz Kaiser – Feldkirch, Ing. Hannes Kar – Innsbruck, Alt-LH Dr. Herbert Kessler – Rankweil, Alt-LH Dipl.-Ing. Dr. Alois Partl – Innsbruck, Komm.-Rat Johann Schneider – Lech, Bgm. Herbert Sprenger – St. Anton, Ing. Hans Thöni – Bludenz, Rudolf Tschol – St. Anton, Florian Werner – St. Christoph.

BRUDERSCHAFT ST. CHRISTOPH   TEL. (05446) 2611   FAX (05446) 3444
ARLBERG-HOSPIZ
A-6580 ST. CHRISTOPH/ARLBERG

RAIFFEISENBANK	SPAR- U. VORSCHUSSKASSE	BETHMANN-BANK	VONTOBEL-BANK
A-6580 ST. ANTON	A-6580 ST. ANTON	D-60311 FRANKFURT	CH-8000 ZÜRICH
KTO.-NR. 300-76780	KTO.-NR. 510/00238-2	KTO.-NR. 14284-6-00	KTO.-NR. 80-6090-4

St. Christoph, im Juni 1998

1. MITGLIEDERSTAND

Seit dem letzten Bruderschaftstag wurden 512 neue Schwestern und Brüder aufgenommen. Am 1. Juni ist die Bruderschaft auf **11.533 Mitglieder** angewachsen. Mit den Nr. 11.000 und 11.001 wurden im März 1998 Ihre Königliche Hoheit Prinzessin Caroline von Monaco und Seine Königliche Hoheit Ernst-August von Hannover aufgenommen.

Die Entwicklung der Bruderschaft:

1962 — 100	1974 — 539 (+ 25)	1986 — 4.983 (+ 770)
1963 — 110 (+ 10)	1975 — 609 (+ 70)	1987 — 5.775 (+ 792)
1964 — 123 (+ 13)	1976 — 696 (+ 87)	1988 — 6.305 (+ 530)
1965 — 170 (+ 47)	1977 — 1.009 (+ 313)	1989 — 6.679 (+ 374)
1966 — 210 (+ 30)	1978 — 1.360 (+ 351)	1990 — 7.265 (+ 586)
1967 — 251 (+ 41)	1979 — 1.782 (+ 422)	1991 — 7.837 (+ 572)
1968 — 319 (+ 68)	1980 — 2.133 (+ 351)	1992 — 8.439 (+ 602)
1969 — 363 (+ 44)	1981 — 2.441 (+ 308)	1993 — 9.096 (+ 615)
1970 — 396 (+ 33)	1982 — 2.904 (+ 463)	1994 — 9.717 (+ 621)
1971 — 464 (+ 68)	1983 — 3.220 (+ 316)	1995 — 10.222 (+ 505)
1972 — 492 (+ 28)	1984 — 3.603 (+ 383)	1996 — 10.723 (+ 501)
1973 — 514 (+ 22)	1985 — 4.213 (+ 610)	1997 — 11.229 (+ 506)

1998 bisher — 11.533 (+ 304)

Mit großer Trauer müssen wir leider auch den Tod von 46 Schwestern und Brüder vermelden:

Baschnegger Helmut, Ing., München	**Hanausek-Rainer Elisabeth**, Igls	**Pfister Josef**, Ing., Burladingen
Beck Richard, Dkfm., Bregenz	**Hilti Martin**, Prof., Dipl.-Ing., Schaan	**Porosel Hans**, Wien
Beisteiner Franz, Komm.-Rat, Bregenz	**Hülsemann Erich**, Güssing	**Raschauer Otto**, Dr., Dipl.-Ing., Wien
Bolls Gerd Billi, Hamburg	**Kaltenmaier Irene**, Krefeld	**Reiterer Friedrich**, Graz
Camus Jeanne, Betton	**Kaltenmaier Karl**, Krefeld	**Rietzler Robert**, Ötztal Ort
Capelle Friedel Karl, Worms	**Keller Ferdinand**, Wiggensbach	**Ritter Josef**, Andelsbuch
Carcano Anneliese, Metz	**Krassnitzer Frieda**, Volders	**Rochford Elizabeth Mary**, London
Diehl Ursula, Bad Homburg	**Limbourg Ute**, Worms	**Schlaepfer Anni**, Luzern
Eitz August-Wilhelm, Prof., Dr., Ing., Essen	**Lobach Heinz**, Norderstedt	**Schneider Karl**, Hergatz
Engelmeyer Günter, Dr., Fürth	**März Walter**, Dr., Würzburg	**Steuns Frits**, Hamme-Mille
Fahrner Karl, St. Anton	**Montag Hans Jürgen**, Amerang	**Stöger Alois**, Altabt, Innsbruck
Fritz Eugen, Egg-Zürich	**Müller Josef**, Dr., Linz	**Streng Herbert**, Landeck
Gozon Franz, Dr., Adligenswil	**Nienhaus Dirk**, Berlin	**Valeth Otto**, Dr., Düsseldorf
Götzendorfer Robert, Ing., Passau	**Osch Fernand**, Vianden	**Voss Doris**, Köln
Gutmann Horst-Benedikt, Dipl.-Ing., Neuwied	**Otte Erwin**, Dr., Leverkusen	**Wunsch Georg**, Wien
	Pankow Erich, Dipl.-Ing., Großhansdorf	

Ein aufrichtiges Dankeschön an die Familien Komm.-Rat Franz Beisteiner, Bregenz — Ferdinand Keller, Wiggensbach — Herbert Streng, Landeck, die im Sinne der Verstorbenen anstatt zugedachter Blumen und Kränze um Spenden für den Fonds der Bruderschaft für hilfsbedürftige Familien mit Kindern gebeten haben.

2. EHRUNGEN

AN FOLGENDE 11 MITGLIEDER WIRD DAS „GOLDENE" BRUDERSCHAFTS-ABZEICHEN (Aufnahmejahr 1973) AM 11. JULI 1998 ANLÄSSLICH DES BRUDERSCHAFTSABEND VERLIEHEN:

Beiser Arnold, Lech	**Rothbauer Gerhard**, Prim., Dr., Laxenburg	**Spiss Siegfried**, St. Anton
Habicher Ingrid, St. Anton		**von Johnston Gustav Adolf**, Konstanz
Kasper Wilhelm, St. Gallenkirch	**Schmidt Constantin**, St. Anton	**Woller Rudolf**, Wiesbaden
Preyer Erich, Hinterbrühl	**Spiss Hermann**, St. Anton	**Zimmermann Karl Heinz**, Zug

DAS „SILBERNE" BRUDERSCHAFTS-ABZEICHEN (Aufnahmejahr 1983) WIRD EBENFALLS AM 11. JULI 1998, UM 19.00 UHR, AN ALLE „15"JÄHRIGEN MITGLIEDER ANLÄSSLICH EINES FESTAKTES VERLIEHEN.

3. WÖCHENTLICHER BRUDERSCHAFTSTREFF

Auch im vergangenen Winter fanden wieder 21 vom Hospiz gegebene **Bruderschafts-Empfänge** (um 18.00 Uhr jeweils Donnerstag) statt. Dieser wöchentliche Bruderschafts-Treff ist nun schon Tradition und wir konnten jeweils 30 bis 40 neue Mitglieder aufnehmen.

4. CARITATIVE TÄTIGKEIT DER BRUDERSCHAFT

Wieder können wir dank der so zahlreichen und großzügigen Spenden — dafür ein aufrichtiges „Dankeschön" — auf ein Jahreshilfswerk von 5,66 Millionen Schillinge hinweisen.
Insgesamt konnten wir in 205 Notfällen helfen.

	Anzahl der Kinder	Betrag in öS
Opfer vom Arlberg-Straßentunnel 1 Familie Kärnten	1	12.000,—
Bergbauernfamilien Tirol, Vorarlberg, Salzburg, Südtirol, Osttirol und Steiermark	59	1,294.000,—
Soziale Notfälle 57 Familien in Tirol, Osttirol, Südtirol, Steiermark, Vorarlberg, Kärnten, Bayern, Würthenberg, Pfalz und Salzburg	109	1,760.000,—
Unglücksfälle Vorarlberg, Tirol, Kärnten, Hessen, Niederösterreich, Hamburg, Liechtenstein, Nepal, Tschechien, Salzburg, Bayern und Südtirol	172	1,839.000,—
Tourismusmitarbeiter-Betreuung und Ausbildung	21	185.000,—
Lebenshilfen — beschützende Werkstätten und Dr. Lorenz Schule Vorarlberg, Tirol, Wien		270.000,—
Miva — Aktion für Missionsfahrzeuge		100.000,—
Notfälle, die noch in Bearbeitung sind	ca.	200.000,—
SUMME TOTAL		5,660.000,—

Wir möchten diese caritative Tätigkeit nicht nur fortsetzen, sondern auch noch verstärken und bitten daher beim Einzahlen des Jahresbeitrages (öS 100,—) wieder um eine Spende, ganz im Sinne Heinrich Findelkinds.

Bis heute hat die Bruderschaft **69,2 Millionen Schilling** an hilfsbedürftige Familien ausbezahlt und jeweils durch Mitglieder persönlich überbracht.

Allein in den letzten 10 Jahren wurde mit 54,2 Millionen Schilling „versteckte Not" gelindert.

Besonders herzlich und aufrichtig bedanken möchte sich die Bruderschaft bei **Bruder Dietrich Liedelt** und **Bruder Heino Stüfen (Fa. Velta - Norderstedt)**. Anläßlich des runden Geburtstages von Schwester Dr. Marion Rembold wurde eine große Summe gesammelt — auch dafür ein herzliches „Dankeschön". Statt Weihnachts- und Neujahrsgrüßen überbrachten **die Firmen Thomas Heiß (St. Anton), Anton Dönz (Stuben)** und **Hermann Pfanner (Lauterach)** einen großen Scheck.
Genauso danken wir **Bruder Prof. Werner Wörndle** vom Bundessportheim St. Christoph für die Betreuung der Mitglieder des Schi-Teams der „Beschützenden Werkstätte" Landeck.

5. BERICHTE AUS DEN EINZELNEN ARBEITSKREISEN:

Arbeitskreis Finanzen   Vorsitz: Karl Tschol, St. Anton

Die gesamten ausbezahlten Beträge wurden überprüft und darüber dem Bruderschaftsrat berichtet, Kassier und Bruderschaftsmeister entlastet und das Ergebnis wird am Bruderschaftstag, 12. 7. 1998, bei der Generalversammlung aufgelegt.

Pastoraler Arbeitskreis   Vorsitz: Prof. Richard Robin

a) Die Tätigkeiten, wie sie im Bericht 96/97 ausgewiesen worden sind, wurden und werden fortgesetzt.

b) Die Stamser Begegnung fand am 16. und 17. Juni 1998 statt; verbunden mit der 46. Ratssitzung.

c) Prim. Dr. Reinhard Haller hielt anläßlich der Stamser Begegnung einen hochinteressanten Vortrag über seine Untersuchungen über A + D der in der Tourismusbranche Tätigen am Arlberg — Schlußbericht im Herbst.

d) Die Besorgung der Sonn- und Feiertagsgottesdienste Winter 1997/98 war voll gewährleistet durch Bruder Prof. Toni Schimpfössl aus Mils.

e) Der traditionelle adventliche Begrüßungs- und Info-Nachmittag für alle Mitarbeiter im Tourismus fand in Lech und in St. Anton am 19. Dezember 1997 statt.

Arbeitskreis Tradition und Veranstaltungen   Vorsitz: Ing. Hannes Kar

a) Kleiner Prospekt über die Geschichte und Kunstschätze der BS-Kapelle ist in Arbeit.

b) Der Kurzfilm über die Bruderschaft — nach 10 Jahren — wurde aktualisiert und wurde bei allen BS-Aufnahmen gezeigt.

c) 2 Video-Cassetten: „Quellen für das Gute" und „Treffpunkt St. Christoph" (über die 600-Jahr-Feier) können gegen eine Spende von je öS 350,— (DM 50,—) im Arlberg-Hospiz erworben werden.

d) Gregor Prächt, deutscher Star-Tenor, gab schon zum dritten Mal an Weihnachten ein Konzert in St. Christoph und Lech zugunsten der Bruderschaft. Live-CD's (öS 220,—) sind ebenfalls im Hospiz erhältlich.

e) Die wertvollen Originaldokumente der Bruderschaft aus dem 14. Jh. sollen in brandsicheren Metallkassetten im Landesarchiv aufbewahrt werden.

6. DIE WICHTIGSTEN BESCHLÜSSE DER 46. BS-RATSSITZUNG VOM 16. 6. 1998 IN STAMS:

a) Ein Arbeitskreis mit Hannes Kar, Richard Robin, Herbert Kessler und Alois Partl wird bis 1999 die Statuten aktualisieren.

b) Tirols neuer Bischof Dr. Alois Kothgasser wird anläßlich der 47. Ratssitzung am 22. 9. 1998 im Arlberg-Hospiz feierlich in die Bruderschaft aufgenommen.

c) Die Neuwahlen des Bruderschaftsrates werden 1999 bei der Generalversammlung erfolgen.

7. VORSCHAU 1998/99:

a) 11. 7. 1998:   **Bruderschaftsabend,** mit Festakt und Verleihung der „Goldenen" und „Silbernen" Bruderschafts-Ehrenzeichen.

12. 7. 1998:   10.30 Uhr **Besinnungsstunde** für alle **Verkehrsteilnehmer, Fahrzeugsegnung, Generalversammlung, Neuaufnahmen**

b) 22. 9. 1998:   **47. Ratssitzung,** 15.30 Uhr, in St. Christoph, Arlberg-Hospiz

c) 21. 12. 1998:   **Info-Nachmittag** für alle Mitarbeiter St. Anton — St. Jakob — St. Christoph — Lech — Zürs — Stuben

d) 15./16. 6. 1999:   **48. Klausurtagung 1999** im Stift Stams

e) 10./11. 7. 1999:   **Bruderschaftstag 1999** — der letzte im alten Jahrtausend . . .

8. NEUMITGLIEDSCHAFT:

Jeder Interessierte, der das caritative Werk Heinrich Findelkinds unterstützen möchte, kann Mitglied werden. Bitte fordern Sie Unterlagen an: Bruderschaft St. Christoph, 6580 St. Christoph/Arlberg.

AUFRUF HAINRICH FINDLKIND'S VOR 600 JAHREN

Libn Kind ir sult wissen, das ir mir Almosen sult geben, uff den Arlberg zu Weg und Steg und zu ainer ellenden Herberg da man inbeherbergt arm und raich wenn da all abent ausgen rueffen ich oder mein Knecht jeglicher mit vir Sneraiffn und wen wir da vindn den tragen wir in die ellende Herberg und gebn ym das Almosen um das er fuer mag chomen.

Mit den besten Bruderschaftsgrüßen aus St. Christoph —

Adolf Werner
Bruderschaftsmeister
Arlberg-Hospiz zu St. Christoph

Schikurs mit Prof. Kruckenhauser am Kalten Eck, im Hintergrund der Pateriol, 1935.

ten Aufstieg der Schischule und der erfreulichen Entwicklung, die das Winterheim nahm, erlebte der Rennsport am Arlberg seine größte Blütezeit. Der SCA produzierte Talente am laufenden Band. Der fesche junge Arlberger Rudi Matt, später jahrzehntelang Obmann des SCA und Leiter der Schischule St. Anton, zählte zwischen 1930 und 1940 zu den besten Kombinierern der Welt. Willi Walch und Pepi Jennewein schienen nationale und internationale Siegerstockerl gepachtet zu haben. Josef Fahrner, Franz Schranz und Pepi Gabl, um nur einige zu nennen, siegten für den SCA. Auf den Rennstrecken der Welt lehrten Arlberger die Konkurrenz das Fürchten.

Zu den berühmtesten dieser Strecken zählte die *Kandahar* „made in St. Anton am Arlberg". Im Frühjahr 1927 kam der Brite Sir Arnold Lunn auf Einladung Hannes Schneiders nach St. Anton. Beide beschlossen, eine gemeinsame Rennveranstaltung durchzuführen. Lunn, der von der „Down-Hill-Idee" besessen war, hatte in seinem Kandahar-Schiclub mit Sitz in Mürren (Berner Oberland) Abfahrtslauf und Slalom zu hoher Vollkommenheit entwickelt. Den Namen „Kandahar" hatte sich der Skiclub zu Ehren Lord Roberts of Kandahar zugelegt. General Roberts war für seine militärischen Leistungen anno 1879 in Afghanistan mit dem Titel „of Kandahar" ausgezeichnet worden. Er hatte einst für die

Schikurs mit Prof. Kruckenhauser am Galzig, 1935.

Das Winterheim, später Bundessportheim in St. Christoph, 1930.

Schigäste von Arnold Lunns Vater einen Silberpokal als Preis gestiftet. Auf dem Umweg über diese liebenswürdige Stiftung kamen der Mürrener Schiclub, das auf seine Initiative gegründete Rennen und die auf dem Arlberg hiefür erwählte Strecke zum Namen einer afghanischen Provinzhauptstadt.

Am 3. März 1928 wurde am Galzig zum erstenmal das Startzeichen für das Arlberg-Kandahar-Rennen gegeben. Als Organisatoren zeichneten der Kandahar-Club und der SCA. Die Gründer des Bewerbes dachten noch idealistisch; sie führten weder Mannschafts- noch Nationenwertung durch, sondern beabsichtigten ein individuelles Kräftemessen. Das 1. Kandahar-Arlberg-Rennen wurde ein durchschlagender Erfolg und zum Dauerbrenner im internationalen Renngeschehen.

Heute ist der Bewerb längst in den Weltcup miteinbezogen; die alte Kandaharstrecke ist einer neuen gewichen; Fernsehkameras und elektronische Zeitnehmung prägen das Ge-

Unten: Sonnenhungrige auf den Kulissen für den Film „Der weiße Rausch" vor dem Hospiz.
Rechte Seite: Mairennen in St. Christoph, 1937.

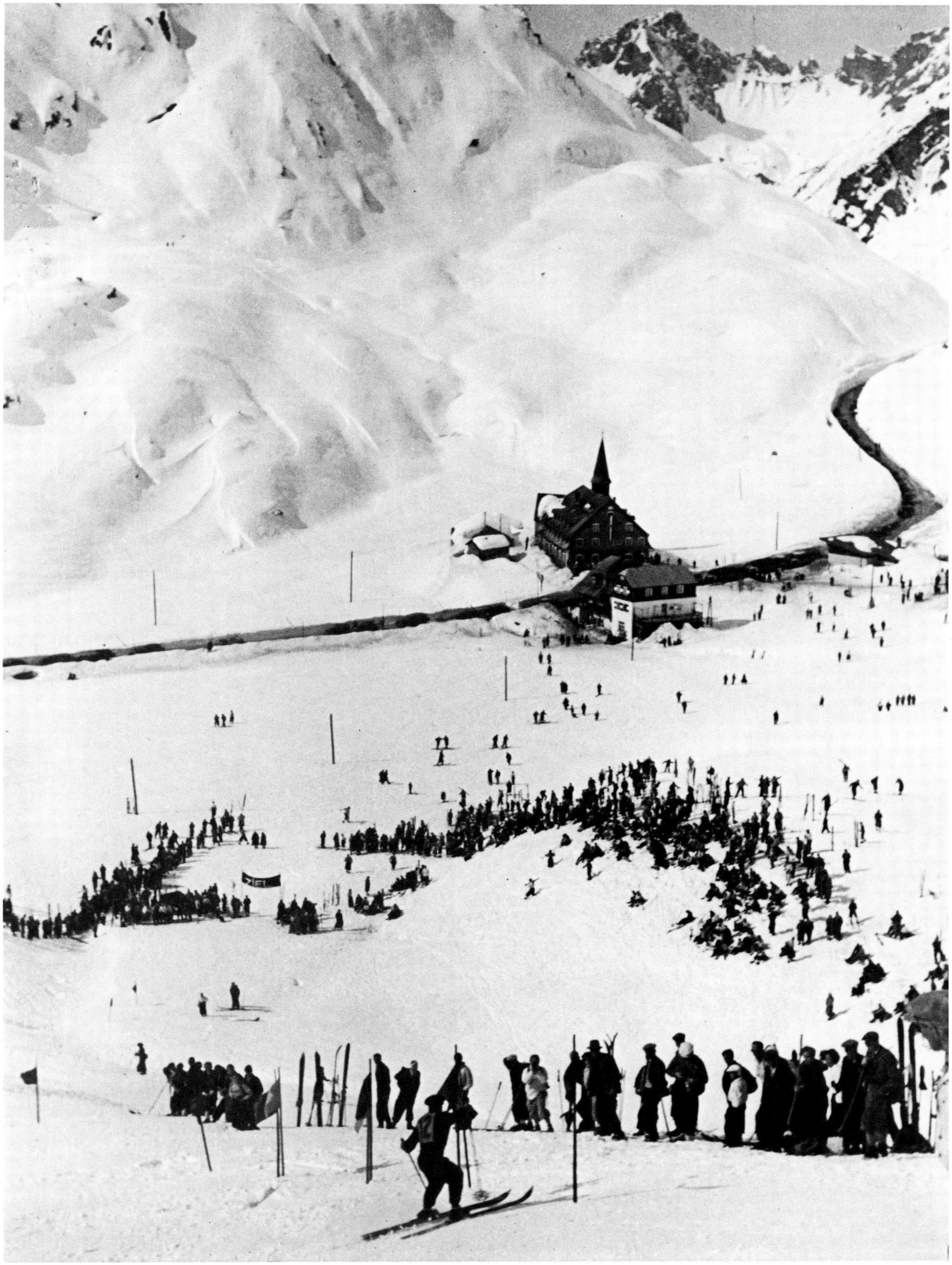

Eröffnung der Galzigbahn in St. Anton, 1937, in einem Bericht der Zeitschrift „Österreichische Woche" vom 30. 12. 1937. Festredner war Staatssekretär Dr. Guido Schmidt, Mitbegründer der Arlberg-Bergbahnen.

schehen. Doch ein klein wenig von dem frühen Zauber der Veranstaltung, der sie zu einer der populärsten überhaupt machte, haftet ihr noch heute an.

Nicht nur mit Rennen und Siegern erntete der Arlberg Ruhm und Ehre. Einige Jahre vor dem Zweiten Weltkrieg begann der Export von Schilehrern ins Ausland, vor allem nach Übersee. Heute sind Hunderte Arlberger „Botschafter des alpinen Schilaufs" in USA, Südamerika, Japan, Australien und Neuseeland anzutreffen; etwa fünfzig davon sind Pendler, die Mehrzahl ist im Ausland ansässig geworden. Ernst Scardarasy, langjähriger Vizepräsident des SCA, begann den Einsatz von Arlberg-Schilehrern in aller Welt schon in den dreißiger Jahren zu betreiben. 1935 ging Benno Rybizka nach Amerika, es folgten Otto Tschol, Pepi und Franz Gabl, Edi Mall und viele andere. 1939 wurde Hannes Schneider aus der Heimat vertrieben. Er war glühender Antinazi. Seine lautstarke Regimekritik, noch dazu von seiten eines berühmten Sportlers, wollte und konnte die NSDAP nicht hinnehmen. Seine Verhaftung stand unmittelbar bevor, als er nach North Conway, USA, ging. Tempora mutantur. Europa ging schlechten Zeiten entgegen.

Auch während des Zweiten Weltkriegs fanden am Arlberg Rennen statt; während die Welt rundum in Trümmer ging,

hielt man 1944 in St. Anton eine Deutsche Meisterschaft ab. Aber von den Besten des SCA waren viele an der Front, um nicht mehr wiederzukehren. Fremdenbetten standen leer. Auch die 1937 so stolz in Betrieb genommene Galzigbahn wurde ihrem Zweck nicht mehr gerecht.

Von 1931 an hatte Rudolf Gomperz unermüdlich für diese Bahn gekämpft, gegen alle Zweifel und Widerstände war er Sturm gelaufen. Schließlich wurde die Bahn mittels kräftiger Nachhilfe durch den Staatssekretär und späteren Außenminister Dr. Guido Schmidt, einen großen Förderer von St. Anton, doch erbaut. Als Guido Schmidt die Eröffnungsrede hielt, stand Gomperz bescheiden im Hintergrund. Noch erwähnte ihn der Staatssekretär lobend.

Da stand sie nun, die Galzigbahn. 210 Menschen konnten ihre Gondeln stündlich auf den Berg befördern. In den ersten Jahren ihres Bestandes hatten sich alle in sie gesetzten Erwartungen erfüllt. Mit einer Stagnation, vor allem durch Krieg, hat wohl keiner ihrer Planer und Förderer gerechnet.

Nach Ende des Zweiten Weltkriegs erholte sich der Arlberg rascher, als dies nach 1918 der Fall gewesen war. Seine großen Institutionen zeigten, wie lebendig sie geblieben waren. Am 5. Oktober 1946 wurde der Skiclub Arlberg durch den Sicherheitsdirektor von Tirol als Verein reaktiviert, drei

Peter und Weltmeister Pepi Jenewein, 1939.

Wochen später fand die erste Hauptversammlung statt. 1947 zählte der SCA 686 Mitglieder und eine rasant steigende Zahl von Rennläufern, die für ihn siegten. Im ersten Nachkriegsjahrzehnt kam man mit dem Lorbeerwinden für die Herren Edi Mall, Martin Strolz, Toni Spiß, Othmar Schneider und die Damen Trude Beiser und Resi Hammerer kaum mehr nach. Die Generationenabfolge ging damals noch nahtlos vonstatten. Egon Zimmermann, Gerhard Nenning, Karl Cordin; Marianna Jahn, Edith und Heidi Zimmermann und Inge Jochum wurden die nächsten auf den langen Ehrentafeln des Skiclub Arlberg.

Im Jahre 1969 konnte der SCA einen Erfolg für sich verbuchen, der vor ihm noch keinem Club gelungen war. Nicht nur wurde er — mit insgesamt 35 ersten, 10 zweiten und 10 dritten Plätzen — zum besten Club der Wintersaison 1968/69. Er stellte auch beide Weltcupsieger: Gertrud Gabl und Karl Schranz.

Schranz — ein Schiwunder der Zweiten Republik, einstmals ungekrönter König des Arlberg, ein verbissener Kämpfer und „Märtyrer" der Olympischen Spiele von Sapporo des Jahres 1972. Er lieferte der Weltpresse gut fünfzehn Jahre hindurch Schlagzeilen. Kaum anderswo läßt sich so deutlich ablesen, wie sich die Rolle eines Spitzenläufers verän-

Der erste Maiensee-Schlepplift war 1950 noch eine einfache Holzkonstruktion.

Werbebroschüre, 1955.

dert hat, wie am Falle Schranz. In einem Mann wie Hannes Schneider vergötterte man noch den großen Sportler, vor den Türen seines Privatlebens machte man halt. Die zweite Hälfte des 20. Jahrhunderts machte ihre Sportheroen zu Gladiatoren und bugsierte sie in einen einzigen, riesigen Circus Maximus — den des Fernsehens. Leute wie Schranz wurden — und werden — mit Haut und Haar zum öffentlichen Eigentum, bis man ihrer überdrüssig ist. Es zeigt sich immer wieder, daß Spitzensportler, die unter extrem hoher physischer und psychischer Belastung stehen, ihrer medialen und kommerziellen Vermarktung nicht gewachsen sind.

Karl Schranz zog sich vom Rennsport zurück. 1975 übernahm er die Leitung der „Schischule Arlberg" in St. Anton, eine Institution, der wohl immer im Sinne Hannes Schneiders zu dienen sein wird, – wer es anders versucht, wird scheitern. Nach dem Krieg unterzogen sich Rudi Matt und Sepp Fahrner dieser Aufgabe, sie begannen mit 42 Schilehrern, ein paar Jahre später wurde ein Filialbetrieb in St. Christoph unter der Leitung von Pepi Klimmer eingerichtet, kurz, das von Schneider erdachte Unternehmen florierte. Als der große Hannes nach jahrelanger Abwesenheit seine alte Heimat besuchte und in St. Anton aus dem Arl-

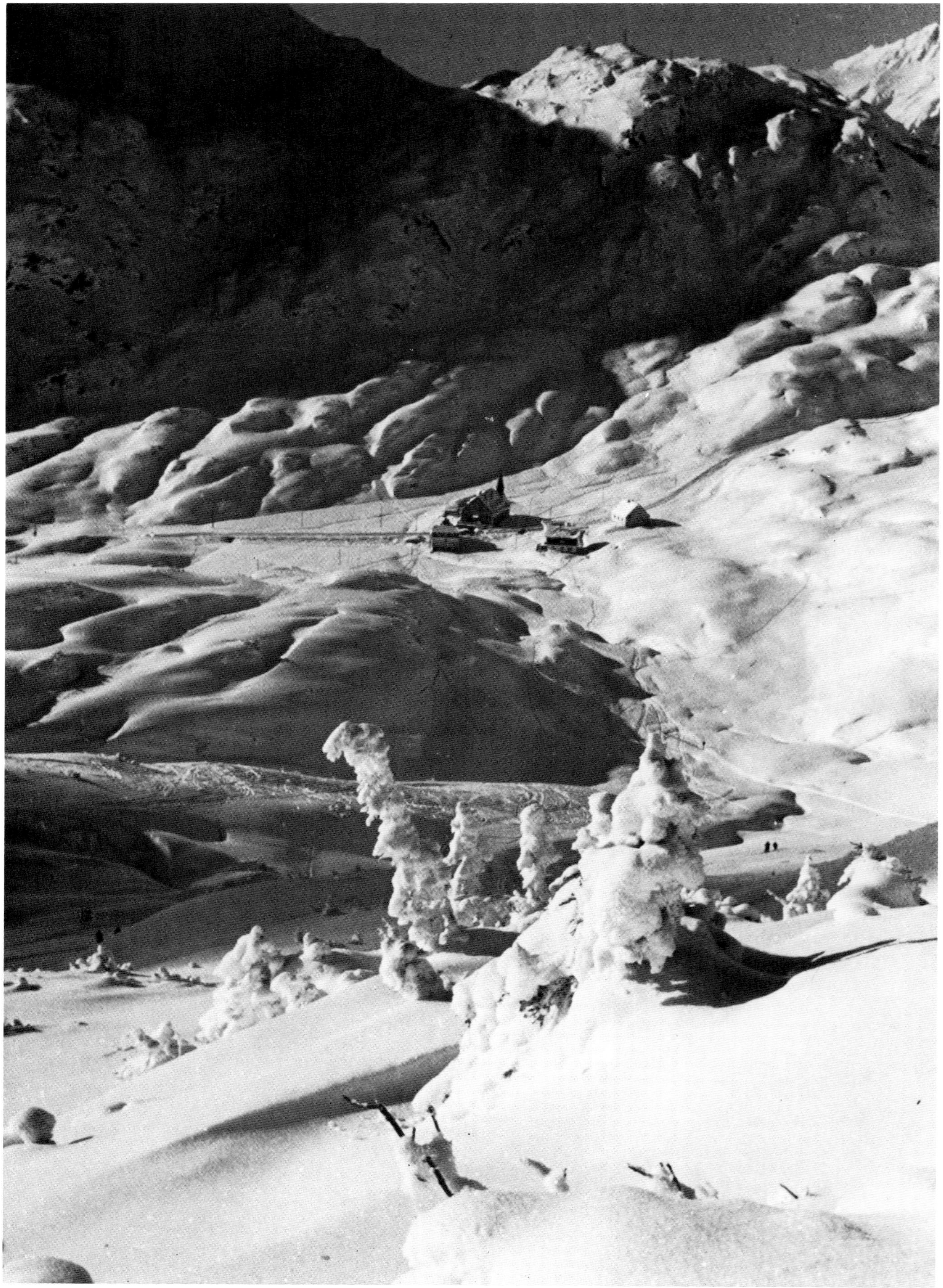

bergexpreß stieg, verfiel das Dorf in einen Freudentaumel. Die Häuser waren beflaggt, ein Großteil der Bevölkerung hatte sich am Bahnhof eingefunden, die Musikkapelle spielte. Doch mehr noch als Juchzen und Winken müßte Schneider die traditionsbewußte Fortführung seiner Schischule von der Treue der Arlberger überzeugt haben...
Hannes Schneider starb 1955 in Amerika. Die Gemeinde St. Anton hat ihm in ihrem Ferienpark ein Denkmal errichtet. Es ist Brauch geworden, sich vor jedem Arlberg-Kandahar-Rennen vor diesem Denkmal zu besinnen. 1969, als das 34. Arlberg-Kandahar-Rennen stattfand, befand sich ein weißhaariger alter Herr unter den Ehrengästen: Sir Arnold Lunn, 81. Mehr als vierzig Jahre waren vergangen, seit er mit Schneider dieses Rennen begründet hatte. Was mochte ihm durch den Kopf gegangen sein, als er vor Schneiders Denkmal stand...?

Die Schigeschichte des Arlberg bleibt im Fluß. So erfährt etwa der SCA, von dem man dies- und jenseits des Passes munkelte, seine großen Tage seien vorüber, plötzlich eine neue Blüte. Auf Karl Schranz, der Mitte der Achtzigerjahre die Funktion des Obmannes zurückgelegt hatte, folgte Hannes Schneiders Schwiegersohn Franz Fahrner, nach dessen Tod übernahm St. Antons Langzeitbürgermeister Herbert Sprenger das Amt. Mit Hilfe eines Kreises von Freunden, der sich „Pro SCA" nennt, ist es Sprenger und seiner Mannschaft in knapp zwei Jahren gelungen, die Mitgliederzahl um ein Drittel, auf 4000 anwachsen zu lassen. *Think big*. Auch die Zahl der Lifte und Bergbahnen in der Arlbergregion ist ständig im Steigen begriffen, zurzeit gibt es rund 100 modernster Aufstiegshilfen. Und für die Arlberger Schischulen gelten gleichfalls Superlative, sie zählen zu den größten der Welt, allein in St. Anton vermag man 300 Schilehrer aufzubringen. Sind die Grenzen des Wachstums erreicht?
Die Arlberg-Region ist zu einem gigantischen, reibungslos funktionierenden Vergnügungsbetrieb geworden. Wie ihre Zukunft aussieht, wird von ihren Menschen abhängen, von den St. Antonern und denen von St. Christoph, von den Lechern und Zürsern und Stubenern, von ihren Fremdenverkehrsbossen und ihren Hoteliers, aber auch von ihren Häuselbauern und Pensionsbesitzern, von ihren Schilehrern und Rennläufern und Geschäftsleuten. Das Bewußtsein, an einem Strang zu ziehen, – es ist selten geworden. Vielleicht hat es am Arlberg, dem alten Zauberberg, eine Chance.

Linke Seite: Blick vom Galzig auf St. Christoph, 1932.
Unten: Blick vom Gampen zum Galzig und in das Steißbachtal. Abfahrten um 1955.

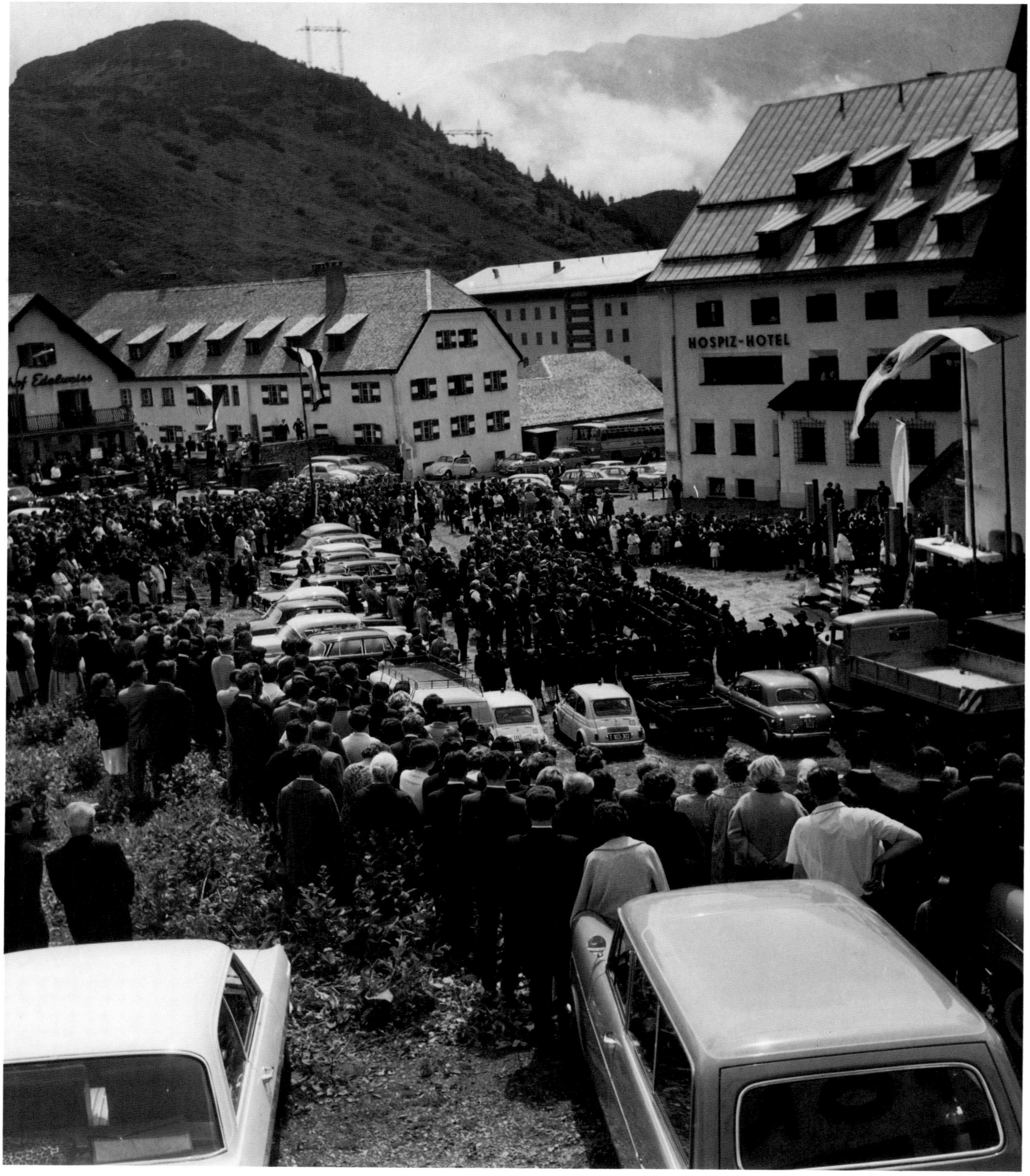
HOSPIZ-HOTEL

PHÖNIX AUS DER ASCHE
Die Erneuerung von Hospiz und Bruderschaft

Am Dreikönigstag des Jahres 1957 waren sämtliche Hospizgäste — dem damals allgemein üblichen Rhythmus der Wintersaison folgend — abgereist. Das Personal der Hotels am Arlberg pflegte an den Abenden des 6. Jänner freizubekommen. Die Angestellten des Hospiz fuhren nach St. Anton ins Kino, später noch mit einem Taxi nach Lech zum Tanz. Nur der Direktor des Hauses, seine Frau und der Schilehrer Fritz Novotny waren daheim geblieben. Es schneite ein wenig. Vom Paß her wehte ein leichter Wind.

Auch drüben im Hotel Arlberghöhe waren keine Gäste mehr im Haus. Beim Hausherrn Karl Klimmer standen noch die nach Süden, zum Hospiz hin, gerichteten Fenster offen. Es war knapp nach Mitternacht. Irgend jemand — glaubt Klimmer — habe geschrien, darum sei er zum Fenster gegangen. Der nächste, der schrie, war Klimmer selbst. „'s Hospiz drüben! Da brennt was!" brüllte er seiner Frau zu. Aus dem Schindeldach des Hauses, da, wo es mit dem Dach der Kapelle zusammenstieß, schlugen Flammen.

Klimmer rennt mit seinem Hausknecht aus dem Haus zum Hospiz hinüber. Ihr erster Gedanke gilt dem hölzernen Christophorus; ihn wollen sie retten. Durch das Haus gelangen sie nicht mehr in die Kapelle, es ist alles voll Rauch. Sie springen zur südseitigen Außentür der Kirche, werfen sich gegen die Tür, zwecklos, sie ist mit einem eisernen Riegel versperrt. Mittlerweile hat der Brand auf das Kapellendach übergegriffen; am Dachboden liegt viel trockener Krempel, Stroh, alte Matratzen, es brennt wie Zunder. Der Kirchturm ist eine einzige Fackel.

Jetzt bricht das Chaos aus. Der Hoteldirektor und seine Frau flüchten aus dem Haus. Feuer und Rauch haben sie derart überrascht, daß der Direktor sogar vergaß, seine dritten Zähne zu montieren. Der Schilehrer Novotny befindet sich im Badezimmer, als er bemerkt, daß es brennt. Stiegenabwärts ist kein Entkommen mehr, das Feuer breitet sich mit rasanter Geschwindigkeit nach unten aus. Novotny klettert aus der Dachluke, rutscht am Dach hinunter und rettet sich mit einem Sechsmetersprung in den Schnee. Mittlerweile ist aus dem sanften Wind ein Schneesturm geworden. Er springt um, wechselt dauernd die Richtung, das Feuer scheint ihm Spaß zu machen. Das Kirchendach und ein Großteil des Hausdachs stehen in Flammen.

Jemand hat die Feuerwehr verständigt. St. Christophs ziemlich neue Wasserleitung ist diesen Anforderungen nicht gewachsen, das Bassin ist zu klein, die Hydranten spucken nichts mehr aus. Die St. Antoner Feuerwehrwagen bleiben da, wo man später die sicheren Galerien erbaute, wegen Schneeglätte mehrfach hängen. Als sie endlich in St. Christoph eintreffen, können sie sich bald nur mehr darauf beschränken, die Dächer der umliegenden Häuser vor überspringenden Funken zu schützen. Längst hat der Hospizdirektor den ahnungslosen Besitzer Arnold Ganahl in Feldkirch verständigt. Die Ganahls waren Stunden zuvor, am Abend des 6. Jänner, mit ihren Kindern von den Weihnachtsferien aus Lech zurückgekehrt. Gegen zwei Uhr morgens läutet das Telefon. Marianne Ganahl hebt ab. Erschrocken rennt sie zu ihrem Mann und rüttelt ihn wach: „Das Hospiz brennt!" Ganahl brummt, „Laß es brennen", und dreht sich auf die andere Seite. Marianne Ganahl verständigt den engsten Freund und Mitarbeiter ihres Mannes, Fritz Kaiser. Und der holt Ganahl aus dem Bett. Um drei Uhr

Linke Seite: Seit 1962 wird in St. Christoph der Bruderschaftstag mit Autoweihe abgehalten.
Unten: Postwertzeichen mit einer Ansicht von St. Christoph aus dem Jahre 1947.

Der Brand des Hospiz in der Dreikönigsnacht 1957.

früh machen sich die beiden Männer auf den Weg nach St. Christoph. Als sie durchs Klostertal fahren, sehen sie bereits den Feuerschein. Kein Wunder. „Die Feuersäule vom Kirchturm ist mindestens 40, 50 Meter aufigangen", erinnert sich Augenzeuge Klimmer.

Weder Ganahl und Kaiser noch die inzwischen eingetroffenen Feuerwehren von Lech und Klösterle vermochten an der katastrophalen Lage etwas zu ändern. Außer den im Keller gelagerten Sektflaschen war vom Hospiz nichts mehr zu retten. Hilflos standen die Arlberger um ihr brennendes Wahrzeichen. „Mei", sagten manche, „es ist halt ein altes Haus."

Ganahl selbst sei, so Karl Klimmer, eigentlich ganz beinander gewesen. „A bissl nervös war er freilich, wie er das ganze Elend gesehen hat."

In der Tat war das Bild, welches sich den Löschmannschaften in der Morgendämmerung bot, ein elendes. Hospiz und Kirchlein waren bis auf die steinernen Grundmauern abgebrannt. Im Inneren der Ruinen lag das glühende Holz drei bis vier Meter hoch. Es glühte noch eine Weile, ehe es zusammenfiel. In der Kapelle fand man später unter Trümmern und Asche einen verkohlten Stumpf — den letzten Rest des großen Christophorus.

Löscharbeiten bei der Hospiz-Ruine nach der Brandnacht vom 6. 1. 1957.

110

Der Wiederaufbau des Hospiz, Sommer 1958.

Die Bilanz, welche im Laufe der nächsten Tage und Wochen gezogen wurde, war folgende: Eine Kellnerin im Hospiz hatte ihre Wäsche über einen elektrischen, mit Glühdrähten versehenen Ofen zum Trocknen gehängt. Das Zimmer des Mädchens lag im letzten Stock am Ende des Hauses, der Kirche am nächsten, von dieser nur durch eine Holzwand getrennt. Die Wäsche fing Feuer, durch das offenstehende Fenster entstand ein Luftzug, wodurch der Brand erst recht angefacht wurde und sich umso rascher ausbreitete. Soviel zur Brandursache.

„Einmal möchte ich soviel Geld besitzen, wie der Ganahl in einer Nacht verliert", murmelte einer, der das Hospiz brennen sah. „Nachher hat der Ganahl halt den Fritz Kaiser als Feuerleiter auffig'schickt, damit 's Hoschpiz sicher abbrennt", sagten andere mit spitzer Zunge. Das Gerücht, der neue Besitzer habe das Hospiz „warm abtragen lassen", griff ebenso rasch um sich wie das Feuer.

Wovon sie nichts wußten, war eine für den Kaufmann Ganahl höchst unerfreuliche Tatsache: Das Hospiz war noch gar nicht ordnungsgemäß versichert gewesen. Zwischen Kauf und Brandnacht lagen sechs Wochen; die Versicherung war zwar abgeschlossen, aber die erste fällige Rate

Das neue Hospiz wurde zu Weihnachten 1959 feierlich eröffnet. Die Einweihung erfolgte durch Bruder Hans Pfarrer Kirschner.

noch nicht bezahlt; die Überweisung hatte sich der Weihnachtsfeiertage wegen verzögert.

Arnold Ganahl, eine kleine Wirtschaftsmacht in sich, nahm die zahlungsunwillige Versicherung in die Zange. Die drohende Möglichkeit, der Industrielle könnte sein Imperium anderswo versichern lassen und sein kategorisches „Wenn sie nicht zahlen, bau' ich nicht auf" gab schließlich den Ausschlag. Die Versicherung kam der strittigen Verpflichtung nach. Noch im selben Jahr begann Arnold Ganahl mit dem Wiederaufbau des Hospiz.

Im Grunde hatte sich der dickschädlige Fabrikant auf einen Justamentstandpunkt begeben; denn die Versicherungssumme war lächerlich gering, der Neubau des Hotels kostete unvergleichlich mehr. Aber der an sich sparsame Vorarlberger ließ sich das Hospiz etwas kosten. Wenn er schon aufbaute, wollte er die Tradition des Hauses gewahrt wissen. Mit ziemlichem Zeitaufwand stürzte sich Ganahl in die Planung des neuen Hauses. Welchen Stellenwert es für ihn einnahm, ist vielen seiner Freunde nie ganz klar geworden; es paßte so überhaupt nicht in seine Unternehmenslinie. „Er wollte es wie einen Hut, wie ein schönes Möbelstück; und er ist enorm daran gegangen", meint Marianne Ganahl. „Er hat überall hineingeredet, dabei hat er im Grunde vom Hotelwesen nichts verstanden. Er war nur ein guter Gast." Daß Arnold bald vom Haus und seiner Geschichte weit mehr gefesselt sein würde, als der Norm des noch so guten Hoteliers, des noch so guten Gastes entsprach, war nicht abzusehen. Zunächst holte sich Ganahl den Tiroler Architekten Torggler, dessen Arbeiten seiner Vorstellung vom traditionellen Baustil entsprachen. Man beschloß, das neue Hospiz etwas nach Süden abzurücken, um einen besseren Blick auf die Kapelle zu ermöglichen. Ein Wiederaufbau derselben stand nie wirklich in Frage. Vorerst stützte man die Mauern der Brandruine ab, um sie vor weiterem Verfall zu schützen. Im Zuge des Hotelbaus hatte sich auch das Tiroler Denkmalamt eingeschaltet. Seine Vertreter, der Grandseigneur Graf Oswald Trapp und die energische Frau Dr. Johanna Gritsch, scheinen mit dem autoritären Ganahl gut zu Rande gekommen zu sein. Was in einem Winkel seines Kopfes von Schulbubentagen an geschlummert hatte, revitalisierten sie, das Wissen um die Geschichte seines Hauses, um Heinrich Findelkind und um die Bruderschaft; Ganahl hing an der Angel, ohne es zu wissen.

Nachdem das Hotel 1959 festlich eröffnet worden war, bildeten die traurigen Kapellenreste einen Dorn in jedermanns Auge. Vor allem den Besitzer störten sie. Graf Trapp und Johanna Gritsch rieten zur baldigen Wiederinstandsetzung und Inbetriebnahme der Kapelle. Auch der Tiroler Bischof Paulus Rusch war ganz dafür, stellte aber gleichzeitig bedauernd fest, er könne finanziell leider nichts dazu beitragen. Worauf Ganahl eines Tages erklärte: „Gut, ich finanziere die Kapelle."

Was er tat, tat er ganz. Während sich die Denkmalschützer des stilistisch getreuen Wiederaufbaus der Kirche annahmen, war Ganahl bereits einen Schritt weiter. Einen Christophorus, einen großen Christophorus wollte er für die Kapel-

Pepi Rifesser arbeitet an der neuen Christophorus-Statue, 1959.

le. Und den bestellte er beim Grödner Bildschnitzer Pepi Rifesser. Der Künstler meldete zunächst Bedenken an; eine so gewaltige Figur hätte er noch nie gemacht. Aber gegen Ganahl war kein Kraut gewachsen. Rifesser baute ein Gerüst in seiner Tenne und ging ans Werk. Nach einem Jahr — die Statue war bereits bezahlt — hieß es, sie sei in Bozen ausgestellt. Augenblicklich machte sich Ganahl mit seinem Intimus Fritz Kaiser im Auto nach Südtirol auf. Im Konvoi fuhr ein Lastwagen der Firma Ganahl mit Hilfskräften, Zollfachleuten und Emballagematerial. Vor dem Lokal, in dem der Christophorus ausgestellt war, drängten sich Schaulustige. Rifesser mußte ein Meisterwerk geglückt sein. „Geh Du ihn Dir anschauen", sagte Ganahl zu Kaiser; er selbst war viel zu aufgeregt. Kaiser kehrte mit Triumph und Niederlage zurück. Der Christophorus war eine Sensation. Aber er sei verkauft, hatte man ihm mitgeteilt, und zwar um das dreifache dessen, was Ganahl bereits dafür bezahlt hatte.

Worauf der düpierte Käufer zum Künstler stürzte und ihn zur Rede stellte. „Was soll i denn tian", jammerte Rifesser. Die Statue hätten die „Belle Arti" in Venedig so gut wie beschlagnahmt, sie dürfe nicht ausgeführt werden. Ganahl riß die

hospiz hotel St. Christoph

ARLBERG / AUSTRIA

Werbeprospekt des Hospiz-Hotels mit der neuen Christophorus-Statue, um 1960.

Geduld. Er habe den Heiligen bestellt und gekauft, er werde ihn auch mitnehmen, polterte er und schritt zur Tat. Gewaltsam wurde der dramatisch schöne Christophorus aus dem Laden geholt, verpackt und verladen. Um elf Uhr abends kamen die entschlossenen Arlberger mit ihrer Figur in St. Christoph an. Seine erste Nacht mußte der neue Nothelfer liegend in der Hotelhalle verbringen. Am nächsten Tag stellte sich heraus, daß Rifessers Kolossalbildstock weder durch ein Fenster noch durch die Türe der Kapelle zu zwängen war. So wanderte der Christophorus vorerst zweckentfremdet in die Hotelhalle zurück.

Während der zwei Jahre, in welchen das Kirchlein wiedererstand, dürfte ziellose, freudige Erwartung im Kreis um Ganahl geherrscht haben. Die Denkmalschützer Trapp und Gritsch, Stefan Kruckenhauser, Nachbar im Bundessportheim und profund gebildeter Humanist, Fritz Kaiser und Arnold Ganahl, sie alle waren vom Wiedererstehen der historischen Kapelle fasziniert. Aber sie hatten keine rechte Vorstellung, wie man sie ihrer eigentlichen Bestimmung zuführen sollte. Man würde die Kirche weihen müssen. Wer würde sie weihen? Wer war zuständig, wem gehörte sie überhaupt? Trapp und Gritsch sprachen von der Bruderschaft, von der Pfarre St. Jakob; für Ganahl blieb die Lage unbefriedigend. Er wollte Klarheit, er brauchte einen Kirchenfachmann, und er hatte einen an der Hand. Eines seiner Patenkinder hatte die geistliche Laufbahn gewählt, dieser Kaplan Richard Robin mußte her. Und Robin kam.

Der junge Mann wurde zur Schlüsselfigur der folgenden Ereignisse. So nahm er sich zunächst der in die Hotelhalle verlegten Christophorus-Statue an. Immer wieder drängte er seinen Paten Ganahl, die Figur in die Kapelle zu schaffen. Wenn man sie hineinbringe, solle man es doch tun, meinte Ganahl. Blitzschnell veranlaßte Robin einen Mauerdurchbruch — und der Heilige stand endlich da, wo er hingehörte. Arnold Ganahl aber brummte, nachdem das Loch in der Wand wieder zugemauert war, ganz befriedigt: „So, den kann wenigstens niemand mehr stehlen."

Nun beauftragte Ganahl sein Patenkind, sich in Sachen Konsekrierung der Kirche und in der Frage Bruderschaft an einschlägiger Stelle zu informieren. Robin beriet sich mit einem Freund, dem Historiker Monsignore Dr. Johannes Schöch. Der hervorragende Geschichtswissenschaftler wußte Bescheid. Und er sprach aus, was droben auf dem Arlberg schon eine Weile in der Luft gelegen haben mochte: „Ihr solltet die Bruderschaft wiedererrichten."

Als Richard Robin mit dieser Botschaft zurückkam, waren Ganahl und Kruckenhauser begeistert und schickten ihn aus, nach alten Dokumenten der Bruderschaft zu suchen. Wo sollte Robin beginnen? Niemand gab ihm einen Hinweis. Er fing in St. Jakob an; irgendwo mußte er ja schließlich beginnen.

Es gibt Zufälle, die eigentlich keine mehr sind. Wer an Fügung glaubt, hat es oft leichter. Und manchmal sind Wunder die einzig mögliche Erklärung. Robin sucht den Pfarrer von St. Jakob, Johann Moser, auf, zufällig ein Freund und Studienkollege. „Habt's was über St. Christoph im Archiv?"

Moser verneint bedauernd. „Kein altes Zeug in irgendeinem Winkel?" Pfarrer Moser entsinnt sich eines alten, eintürigen Kastens im ersten Stock des Widum. Wie lange der schon dort steht, kann er nicht sagen. Weder Moser, noch die St. Jakober Pfarrer vor ihm haben den Kasten je geöffnet. Jetzt tut es Robin. Papierkram, alte Akten. Robin faßt hinein, wahllos, ziemlich unten, – und hält auf wundersame Weise in der Hand, was als längst verloren oder verschollen galt: den Gnadenbrief von Papst Bonifaz IX. mit Siegel; drei Ablaßbriefe samt Siegel, zwei der Bischöfe von Chiemsee aus 1399 und 1426 und den von Antonius von Aquileja: Heinrich Findelkinds kostbare Dokumente, die er zu Lebzeiten sicher mit Stolz und Sorgfalt verwahrt hat; die vielleicht nach seinem Tod in die Pfarre St. Jakob zur Aufbewahrung kamen, und die dort Kriegswirren, Brände, Nachlässigkeit und Ignoranz überdauert hatten.

Im Grunde ist dieser Augenblick im Widum zu St. Jakob im Frühherbst 1961 die zweite Geburtsstunde der Bruderschaft. Von nun an geht alles rasch und reibungslos. Ganahl, Robin, Kruckenhauser und Gritsch zerbrechen sich nur mehr die Köpfe über die Verfahrensweise einer Wiederaufnahme der Bruderschaft. Daß eine solche stattfinden wird, ist beschlossene Sache. Nachdem man eine Bruderschaft, die schon einmal gegründet wurde, nicht wiedergründen will, einigt man sich auf die Formel der Wiedererweckung. Robin übernimmt die klerikalen Amtswege, der bischöfliche Konsens muß erwirkt werden. Mit Dekret vom 3. Oktober 1961 besiegelt der Tiroler Bischof Paulus Rusch die Wiedererweckung der Bruderschaft. Für die Kapelle zu St. Christoph sind ab nun die Diözesen Innsbruck und Feldkirch zuständig.

Am 7. Jänner 1962 wird die Kapelle durch den Vorarlberger Bischof Bruno Wechner feierlich geweiht. Sie geht in den Besitz der Bruderschaft über. Im Anschluß an die Weihe findet in der Kapellenstube des Hospiz die offizielle Wiedergründung der Bruderschaft statt. Im Gegensatz zur Kirchenweihe ist dieser Festakt nicht sehr feierlich. Arnold Ganahl hat einen schönen Lederband besorgt. Als erste Mitglieder tragen sich ein: Richard Robin, Arnold Ganahl, Dr. Bruno Wechner, Walter Schuler, Marianne Ganahl.

Insgesamt waren es ihrer sechzig, die sich solcherart ziemlich schlicht der St. Christoph-Bruderschaft auf dem Arlberg verpflichteten. Die Feier wurde herzhaft und überaus lang. Die jungen Theologen des Seminars, welche die Weihe der Kapelle mitgestaltet hatten, sangen zunächst kirchliche, später eher sekulare Lieder. Sogar der Bischof schmetterte, „Hab' einstens eine Maid geküßt". Und die Schatten aus der Vergangenheit — Heinrich Findelkind und Ulrich von St. Gallen, Herzog Leopold und der Überrheiner, der Zwingensteiner und der Laßberg — haben es sicher gutgeheißen. Denn was trennte schon dieses Häuflein von Idealisten – Ganahl, Robin, Kruckenhauser und ihre bischöflichen Sponsoren – von den Gründern der ersten Stunde? Im Grunde nur ein paar Jahrhunderte.

In knapp vier Jahren ließen Arnold Ganahl und sein Bruderschaftsteam für immer verloren Geglaubtes wiedererstehen. Der Mann mit dem ehernen Schädel hatte es zuwege gebracht, daß Hospiz, Kapelle und ein hölzerner Christophorus den Paß hüteten, wie eh und je. Kritiker meinten zwar, dem neuen Ensemble fehle die Patina, aber selbst diesen Vorwurf wußte Ganahl zu entkräften. Durch die Wiedererweckung der Bruderschaft hatte er dem neuen Haus viel von seiner alten historischen Bedeutung zurückgegeben.

Am Tag nach ihrer Wiedererweckung flatterte der Bruderschaft ein Brief ins Haus. Absender war die „Stoffel Staffel", die, von Studenten gegründet, bereits „etwa um 1950 eine ähnliche Wiederbelebung dieses alten Bundes versuchte". Ausgehend von einem Interesse an den alten Wappen, berichtet der Schreiber dieser Zeilen weiter, „aber faszinierte uns die selbstlose Haltung des Gründers, so daß auch wir begannen, bei Katastrophen und Unglücksfällen mitzuhelfen". Infolge Mitgliederschwundes „fast unachtsam" geworden, biete die Vereinigung der wiedereröffneten Bruderschaft am Arlberg nun ihren Nachlaß an, darunter „eine wertvolle Verbindung zu den amerikanischen ‚Christophers' unter der Leitung des katholischen Priesters Father James Keller."

Das Schreiben dürfte den Brüdern auf dem Arlberg klargemacht haben, daß man von ihrem Verein Taten erwartete. Ziel und Zweck der Bruderschaft war von den Initiatoren längst festgelegt worden. Sie lauten dem Kern nach wie folgt:

Die St. Christophs-Bruderschaft ist eine Vereinigung von Gleichgesinnten zur Übung von Werken der christlichen Nächstenliebe im Sinne des CJC can. 684,707. Sie ist eine rechtsförmlich errichtete Körperschaft im Sinne CJC can. 864 ff.

Und weiters: Durch ein Werk christlicher Nächstenliebe soll das von Heinrich Findelkind schon 1386 begonnene Werk der mildtätigen Hilfe für Reisende und Herbergsuchende in einer unserer Zeit entsprechenden Form weitergeführt werden: Durch einen finanziellen Jahresbeitrag, der durch den Bruderschafts-Rat festgesetzt wird, ermöglichen die Mitglieder der Bruderschaft wie von altersher die Errichtung des Wohltätigkeitsfonds.

Aus diesem Fonds soll ermöglicht werden:
1. Der Unterhalt der altehrwürdigen Bruderschaftskirche zu St. Christoph am Arlberg als Zentrum der seelsorglichen Aufgaben, die der Bruderschaft gestellt sind:
a) in der Sorge um die Gottesdienste und Sakramentenspendung für die Bewohner, für die Berufstätigen, für die Urlauber in St. Christoph und im ganzen Arlberggebiet;
b) in der Besorgung einer jährlich vorzunehmenden Autoweihe im Rahmen des Hauptfestes der Bruderschaft am Christophorus-Tag (resp. am unmittelbar vorausgehenden oder folgenden Sonntag);
c) im Gebet und Gottesdienst für die Opfer des Straßenverkehrs und der Berge sowie für die verstorbenen Mitglieder der Bruderschaft.
2. Jährlich vorzunehmende karitativ-soziale Leistungen nach Beschlüssen des Bruderschaftsrates.

3. Die Pflege der Bruderschaftstradition, die auf das Jahr 1386 zurückgeht.

In den ersten Jahren nach ihrer Wiedererweckung hielt sich der Tatendrang der Bruderschaft in Grenzen. Wohl wurde 1962 die Abhaltung eines Bruderschaftstages mit Autoweihe in St. Christoph institutionalisiert. Heilige Messen und Autoweihen werden seither alternierend von den Bischöfen Tirols und Vorarlbergs vorgenommen. Und die Landesregierungen Tirols und Vorarlbergs haben — ein Unikum in der Geschichte beider Länder — den Bruderschaftstag zur gemeinsamen Landesfeier erklärt. Wohl stieg die Mitgliederzahl der Bruderschaft von 1962 bis 1975 auf 500. Aber über Punkt 2 der Bruderschaftsziele, jährlich vorzunehmende karitative-soziale Leistungen, ist aus diesen Jahren wenig bekannt.

Zwischen 1976 und 1978 schnellt die Mitgliederzahl urplötzlich auf 1300 hinauf. Von 1976 an werden jährlich Tätigkeitsberichte an die Mitglieder versandt. Der Tätigkeitsbericht von 1977/78 enthält unter Punkt 12 die überraschende Mitteilung:

Wie bei der letztjährigen Ratssitzung beschlossen und von der Generalversammlung am 31. Juli 1977 einstimmig genehmigt wurde, hat die Bruderschaft eine finanzielle Patenschaft über die 8 minderjährigen Kinder (deren Väter beim Tunnelbau verunglückten) übernommen. In einer Soforthilfe wurden öS 80.000.— an die Familien überbracht und ab sofort wird jedem Kind eine monatliche Hilfe von öS 1000.— zuteil. Jedes Jahr wird von 2 Ratsmitgliedern die Bedürftigkeit überprüft. Bei der diesjährigen Ratssitzung am 7. Juli 1978 wurden nun folgende weitere Aktion beschlossen: Durch schwere Unglücksfälle während der letzten Jahre wurden 4 Familien betroffen, deren Väter bei Schneeräumungsarbeiten am Arlberg verunglückten. Diese Opfer hinterließen 11 minderjährige Kinder. Die Bruderschaft übernimmt nun auch hier eine Patenschaft, indem sie auch diese Kinder monatlich mit je öS 1000.— unterstützt. Dadurch erhöht sich unsere Kinderschar auf 19!

Welcher Wirbelwind war in die Brüder und Schwestern auf dem Arlberg gefahren? Wer oder was motivierte sie? Fuhrwerkte ein reinkarnierter Findelkind auf dem Paß?

Des Rätsels Lösung beginnt bei Arnold Ganahl: Der Industrielle ist nicht nur Hospizwirt, sondern auch Vater eines Sohnes und zweier Töchter. Tochter Gerda geht, als das Hospiz abbrennt, noch zur Mittelschule. Als Ganahl mit dem Wiederaufbau des Hauses beschäftigt ist, überrascht ihn das hübsche, freundliche, bis ins Mark vorarlbergische Mädel mit einem wohldurchdachten Vorschlag: „Wenn wir schon ein Hotel bauen, wär's doch gescheit, wenn ich die Hotelfachschule mach'." Ganahl ist hocherfreut. Er schickt die Tochter nach Lausanne. Die dortige Hotelfachschule besucht unter anderen der Wiener Tierarzt-Sohn Adolf Werner, der von Kindesbeinen an nur ein Berufsziel kennt – er will Hoteldirektor werden. Werner hat einschlägige Lehrzeiten in österreichischen Häusern hinter und ehrgeizige Auslandspläne vor sich. Doch dann, 1964, heiratet der so umtriebige Adolf Werner die zurückhaltende Gerda Ganahl, und die beiden jungen Leute übernehmen das bis dahin von einem Direktor geführte Hospiz. Daß der achtundzwanzigjährige Werner seine Rolle als Hospizwirt gleich bei seinem Antritt als historische begriffen, ist unwahrscheinlich. Zunächst begann er zu bauen, An- und Umbauten sollten sich zu einer von „Adis" großen Leidenschaften auswachsen. Schwiegervater Arnold murrte, er war zeit seines Lebens sparsam gewesen. Dennoch nahm er regen Anteil an dem Umbau, immer wieder fuhr er nach St. Christoph hinauf, um den Fortgang der Arbeiten zu kontrollieren. Schließlich fand er sich mit der Neugestaltung ab. Das im Hospiz eigens für ihn adaptierte Zimmer Nr. 500 hat er freilich nicht mehr bezogen. Er hatte lang und intensiv gelebt. Ebenso lang und intensiv starb der große alte Mann. 1977, ein Jahr nach Arnold Ganahls Tod, ist Gerda Werner Besitzerin des Hauses. Der neue Hospizwirt heißt Adolf Werner.

Es muß schon etwas Eigenes um das Hospiz sein. Sein Fluidum teilt sich zwar nicht jedem mit, aber wer davon erfaßt wird, erliegt ihm ganz. Adolf Werner ist hiefür ein Paradebeispiel. Aus dem Direktor des Arlberg-Hotels wurde ein Hospizwirt, der mehr als die herzliche Gastfreundschaft eines Oswald Trojer, mehr als den gutfunktionierenden modernen Beherbergungsbetrieb eines Ehepaar Kusche wollte. Werner arrogierte die Rolle des mittelalterlichen Hospizwirtes und setzte sie auf das 20. Jahrhundert um.

Und Adolf Werner ist jener Wirbelwind, der den erwähnten Tätigkeitsbericht der Bruderschaft von 1977/78 verfaßte. Auch der nächste und alle folgenden Berichte sind von Werner – zunächst als „Weltlicher Assistent", später als „Bruderschaftsmeister" – gezeichnet. Der Bruderschaftsmeister bestimmte weitgehend die Gangart des Vereins: Schritt, Trab, Galopp. Werner wählte den gestreckten Galopp. Heute wird die Bruderschaft von einem 22 Mitglieder zählenden Bruderschaftsrat geleitet. Ihr Präsident ist der Tiroler Landesbischof Dr. Reinhold Stecher, der 1987 vom Vorarlberger Landesbischof Dr. Bruno Wechner die Präsidentenwürde übernahm. Die Aufgaben des Bruderschaftsrats werden von 4 Funktionsgruppen wahrgenommen: 1. Pastoraler Arbeitskreis, 2. Sozialkaritativer Arbeitskreis, 3. Arbeitskreis für Finanz-Verwaltung, 4. Arbeitskreis für Veranstaltungen-Tradition-Archiv.

Zwischen 1978 und 1995 hat sich die Mitgliederzahl verzehnfacht, sie hält zurzeit bei einem seit ihrer Gründung durch Findelkind nie erreichten Stand von 10.000.

Nicht nur die Bruderschaft selbst, auch das Ausmaß ihrer karitativen Tätigkeit hat beachtlich zugenommen. 1977 wurden öS 80.000.– für Soforthilfe ausgegeben und acht Patenschaften übernommen. Im Jahr 1993/94 wurden öS 6,200.000.– für bedürftige Bergbauern und andere Familien, die in versteckter Not leben, sowie für Opfer von Lawinen- und Verkehrsunfällen auf dem Arlberg, aufgewendet. Der Gesamtbetrag, der seit 1977 von der Bruderschaft an Hilfsbedürftige ausgezahlt wurde, hat sich somit auf 45 Millionen Schilling erhöht.

Der englische Thronfolger Prinz Charles und Prinzessin Diana mit dem Erbprinzenpaar von Liechtenstein, Bruder Hans-Adam und Schwester Marie-Aglae, vor dem Hospiz.

Für die Vergabe von Hilfsgeldern ist der Bruderschaftsrat zuständig. Er ist für sein schnelles und effizientes Handeln bekannt. Als oberstes Gremium des Vereins sind seine Beschlüsse bindend. Aber nur wenige der 10.000 Bruderschaftsmitglieder kriegen ihren Rat je zu Gesicht. Das liegt in der Natur der Sache, die meisten Brüder und Schwestern leben weit vom Schuß: in Belgien, Kanada, Dänemark oder Frankreich; in Großbritannien, Italien, Japan oder Liechtenstein; in Luxemburg, Monaco, den Niederlanden oder Norwegen; in der Schweiz, in Schweden, Spanien oder den USA. Auch viele der österreichischen oder deutschen Mitglieder haben nicht allzuoft Gelegenheit, an den Sitz ihrer Bruderschaft nach St. Christoph auf dem Arlberg zurückzukehren.

Irgendwann in ihrem Leben waren sie im Hospiz, sind dem Zauber dieser „Zirbelholzhölle" und dem des Arlberg erlegen. Irgendwann wurden sie „unter Beobachtung" genommen. Welche Kriterien ausschlaggebend sind, die Kandidaten der Bruderschaftswürde teilhaftig werden zu lassen, ist ein Buch mit sieben Siegeln. Mit dem sozialen Status dürfte es nichts zu tun haben. Vom Briefträger bis zur Königin, vom Zimmermädel über den Koch bis zum Wirtschaftsmagnaten, vom Landpfarrer über den Schilehrer bis zum Politiker ist so ziemlich jeder Stand vertreten. Fragen der Religionszugehörigkeit und des politischen Bekenntnisses stehen nicht zur Debatte. Irgendwann also wurden die unter Beobachtung stehenden Novizen und Novizinnen mittels Schwertschlag und den Worten: „Heinrich Findelkind aus Kempten, ein Habenichts und Niemand, Schwertträger und Schweinehirt des Jaklein Überrhein, Vater dieser Bruderschaft, ruft Dich durch den Schlag mit diesem Schwert in unsere Mitte!" ein Mitglied der St. Christophorus-Bruderschaft auf dem Arlberg. Und irgendwann fuhren die neuen Brüder und Schwestern wieder heim. In vielen Fällen ist die einzige Verbindung zum Zauberberg eines Winters, Sommers oder Herbstes der jährliche Scheck für die Bruderschaft geblieben.

Wissen diese Brüder und Schwestern, daß sie auf dem Arlberg nicht vergessen sind? Wissen sie, wer ihnen dankt, ohne sie je gesehen zu haben? Ihnen seien zwei kleine Geschichten erzählt.

Im Vorarlberger Silbertal lebt Frieda Dönz, Hausfrau und seit sechs Jahren Witwe. Ihr Mann war Pächter einer winzigen Landwirtschaft und nebenbei Straßenwärter, denn von der Landwirtschaft allein hätten die Dönz mit ihren sieben Kindern nicht leben können. Die kleine, blasse Frieda Dönz ist eine leise und fromme Frau; und sie hat ein Herz für Kinder — nicht nur für die eigenen: Als ihr der Zufall ein fremdes Kind, noch dazu einen Sozialfall, vor die Tür legte, nahm sie es auf. Die Fürsorge fand, Frieda Dönz sei die idea-

Hollywoodstar Yul Brynner bei Filmdreharbeiten auf dem Arlberg.

Das spanische Königspaar Juan Carlos und Sophia wird von seinem persönlichen Sicherheitsbeamten begrüßt, im Hintergrund ihr Schilehrer, Bruder Eduardo Roldan, und Bruder Franz Prof. Hoppichler.

le Pflegemutter und fragte an, ob Frau Dönz nicht noch einen ganz besonders schwierigen Fall, ein geistig behindertes Kind . . . Ja, sagte Frau Dönz ganz selbstverständlich. Als ihr Mann stirbt, hat sie neun Kinder zu versorgen und eine Witwenpension von monatlich öS 5000.—. Und doch nimmt sie noch drei weitere Fürsorgekinder zu sich. Ein Wahnsinn, wird jeder vernünftig denkende Mensch sagen, wie konnte sie nur? Frieda Dönz konnte nicht nur — sie mußte einfach. „Zwei von den Kindern waren doch Geschwister, die wären sonst getrennt worden." Obwohl die eigenen Kinder brav mithalfen, zum Teil schon verdienten, brach Frieda Dönz' armseliges Flickwerk von Budget eines Tages zusammen. Es begann mit einer Lappalie; der Ausguß ihrer Abwasch war verstopft. Sie konnte ihn nicht ersetzen, weil das Geld dafür fehlte. Dann brach die Wasserleitung zusammen. Bad oder Heizung waren in dem winzigen Häuschen ohnehin nicht vorhanden. Nun gab es auch kein Wasser mehr. Frieda Dönz hätte nie den Mut gehabt, irgend jemanden um Hilfe zu bitten. An diesem hoffnungslosen Punkt ihres Daseins klopften zwei Herren an ihre Tür. Sie traten ein, sahen sich um, betrachteten die Schäden und überzeugten sich, daß Mutter und Kinder trotz ihrer Misere aneinanderhingen wie die Kletten. Die Herren ließen auf Frieda Dönz' Küchentisch eine Soforthilfe von öS 100.000.— zurück und gingen. Sie kehrten in den folgenden Jahren wieder, fanden, daß die Dönz ihr Geld sinnvoll angewendet hatten, daß die Familie noch immer in Harmonie lebte, und sie ließen Geld für den Bau eines Bades und einer Heizung zurück. Heute ist das Häuschen der Frieda Dönz ordentlich und funktionstüchtig. Und die fromme Hausfrau ist mehr denn je überzeugt: „Wenn Du glaubst es geht nicht mehr, kommt von irgendwo ein Lichtlein her." Frieda Dönz' Lichtlein war die St. Christophs-Bruderschaft vom Arlberg gewesen. Der Silbertaler Bürgermeister hatte

Schwester Kristl Moosbrugger, Bruder Bernhard Prinz der Niederlande und Hospizwirtin Gerda Werner.

Das spanische Königspaar Juan Carlos und Sophia mit Bruder Franz Prof. Hoppichler im Bruderschaftskeller.

75. Jubiläum des SCA im Hospiz im Jahre 1976; von rechts nach links: Weltmeister und Olympiasieger Egon Zimmermann, Edith Zimmermann, Bundeskanzler Bruno Kreisky, Weltcup-Siegerin Gertrud Gabl, Weltmeister und Präsident des SCA Rudi Matt, Vera Kreisky, Weltmeisterin und Olympiasiegerin Trude Beiser-Jochum.

Revuestar Josephine Baker (rechts).

Meisterkoch Paul Bocuse mit den Wirtsleuten Gerda und Adolf Werner.

Kronprinz Harald von Norwegen wird Bruder.

die Not der Frau nicht mehr mitansehen können und die Bruderschaft darauf aufmerksam gemacht. Die Bruderschaftsräte Fritz Kaiser und Hans Thöni wurden unverzüglich mit Bargeld ausgerüstet und ausgeschickt, den Fall zu überprüfen und wenn nötig, Soforthilfe zu leisten. Denn Hilfe auf kurzem Weg ist die Devise der Bruderschaft.

Auf der anderen Seite des Arlberg, im Tiroler Kaunertal, leben die Plörers. Vater Erich und Mutter Gabriele Plörer stammen aus dem hintobersten Ötztal, aus einem winzigen Dorf namens Heiligenkreuz. Jahr um Jahr gehen dort die Lawinen. Zäune und Ställe werden weggerissen, die Felder sind steinig und die Lawinen bringen neues Geröll. Obwohl ihre Familien seit Jahrhunderten dort oben ansässig waren, beschloß das Ehepaar Plörer wegzuziehen, sobald sich eine Möglichkeit fand. Als ihnen die Landesregierung einen Hof am Kaunerberg anbot, dessen Besitzer ohne Erben verstorben war, machte sich Plörer mit Frau und drei Kindern auf den Weg. Es konnte nur besser werden, fand er. In der neuen Heimat waren die Wiesen steil, die Landschaft heroisch und das Wohnhaus winzig und eine Gehstunde vom nächsten Dorf entfernt. Die Kinderschar der Plörers wuchs rasant, aber das Haus wuchs nicht mit. Im Winter froren

Bruderschaftsaufnahme von Alfred Böhm.

Die Mitglieder Nr. 4000 und 4001:
Fürst und Fürstin Hans Adam von und zu Liechtenstein mit dem Hospizwirt.

Links: Schwester Juliane, Exkönigin der Niederlande, und Bruder Bernhard, Prinzgemahl.
Rechts: Schwester Beatrix, Königin der Niederlande (Mitglied Nr. 6000), mit ihrem Sohn, Prinz Constantijn, bei der Bruderschaftszeremonie.

Folgende Seite:
Unten links: Der italienische Starwinzer, Bruder Angelo Gaja, bei der Aufnahmezeremonie.
Unten Mitte: Zwei ungleiche Brüder – Weinpapst Hardy Rodenstock und Altbundespräsident Walter Scheel.
Unten rechts: Der bayerische Fußballstar, Bruder Paul Breitner, wird aufgenommen.

Arlberggipfelgespräch unter Brüdern: Bundesminister Rudolf Streicher, Bürgermeister Herbert Sprenger, die Landeshauptleute Eduard Wallnöfer und Herbert Kessler (von links nach rechts sitzend), Otto Murr (rechts stehend).

Oben: Hohe Geistlichkeit nach der Aufnahme – Abt Polykarp Zakar, Abt Bernhard Slovsa, Bürgermeister Herbert Sprenger, Abt Gerhard-Karl Hradil, Landeshauptmann Luis Durnwalder, Bischof Klaus Küng, Abt Josef Maria Köll, Abt Maurus Esteva, Abt Kassian Lauterer, Bürgermeister Erich Brunner, Bürgermeister Johann Schneider, Abt Chrysostomus Giner (von links nach rechts).
Unten links: Zwei Schipäpste und verdiente Brüder – Stefan Kruckenhauser (+) und Franz Hoppichler mit ORF- Moderator Peter Rapp.
Unten rechts: Vier „goldene" Brüder nach 25 Jahren Mitgliedschaft – Gernot Reuckl, Baldur Werner, Karlheinz Zimmerman und der Hospiz-Wirt (von links nach rechts).

Oben: Toni Sailer wird Mitglied Nr. 5000 – die illustre Schirunde (von links nach rechts): Leonhard Stock, Hubert Strolz, Egon Zimmermann, Othmar Schneider (Mitglied Nr. 2000), Rudi Matt (+, Mitglied Nr. 44), Toni Sailer, André Arnold.
Unten links: Olympiasieger und Weltmeister – Altbrüder Othmar Schneider (Mitglied Nr. 2000, links) und Egon Zimmermann (Mitglied Nr. 295, rechts) bei der Aufnahme von Patrick Ortlieb (Mitglied Nr. 8000, 2. von rechts) und Gustav Thöni (Mitglied Nr. 8001, 2. von links).
Unten rechts: Neue Bruderschaftsmitglieder – die Skistars Franz Klammer, Klaus Sulzenbacher, Petra Kronberger, Franz Heinzer, Klaus Ofner und Hansi Hinterseer (von links nach rechts).

Landeshauptmann Bruder Herbert Dr. Kessler und Landeshauptmannstellvertreter Bruder Fritz Prof. Dr. Prior, anläßlich der Aufnahme des 2000. Mitgliedes, Othmar Schneider (im Hintergrund rechts), 1980.

den „Poppen", die alljährlich in der Plörer'schen Wiege lagen, die Händchen zu Krapfen auf, da nur Küche und Stube zu beheizen waren; aber die Kinderschar wuchs weiter, bis es 13 waren. Die kleine Volksschule vom Kaunerberg hatte bald fast nur Plörers zu unterrichten. (Von den rund 15 Schülern hieß nie weniger als ein Drittel Plörer.) Daheim hatten längst nicht mehr alle Platz um den Tisch. Die Mutter aß stehend am Herd. Die Kleinen hockten auf den Stiegen oder dem Türstaffel.

Erich Plörer, Nebenerwerbsbauer und Saisonarbeiter wann und wo es ging, mußte ein neues, größeres Haus bauen. Den Rohbau schafft er mit Hilfe von Subventionen. Im Winter 1983/84 mußte er mit seiner Familie in das unfertige Haus ziehen, da das alte unbewohnbar geworden war. Aber im Neubau fehlten Fenster, Türen, Fußboden und Heizung.

Plörer rannte von Pontius zu Pilatus, um eine weitere Subvention zu ergattern. Vergebens. In der Bauernkammer, in der man von Hochgebirgswintern eine sehr konkrete Vorstellung hatte, versuchte man zu helfen, indem man karitative Vereine anschrieb und für den verzweifelten Familienvater um Hilfe bat. Fünfzehn karitative Vereine. Von keinem kam eine Antwort.

Unter den vielen angeschriebenen Vereinen ist auch die St. Christophs-Bruderschaft. Auch sie hat nicht geantwortet. Die Mühe eines Briefes hat man sich dort erst gar nicht gemacht.

Statt dessen stehen kurz darauf in bewährter Manier drei Herren in der winzigen, kalten Stube der Familie Plörer; der St. Antoner Hotelier Karl Tschol, Adolf Werner und der Arzt Dr. Otto Murr. Sie brauchen sich nicht lange umzuse-

Landeshauptmann Kessler, Landeshauptmann Wallnöfer und Bundeskanzler Kreisky anläßlich der Eröffnung des Arlberg-Straßentunnels am 1. 12. 1978.

St. Christoph hilft Bergbauern
Fünfzehnköpfige Kaunerberger Familie wird von Bruderschaft St. Christoph unterstützt

KAUNERBERG/ST. CHRISTOPH a. A. (-tz-). Der heilige St. Christophorus hat, so wissen es die althergebrachten Überlieferungen, bis herauf in unsere heutigen Tage schon Unzähligen, die auf seine Hilfe vertrauten, geholfen. In diesen Tagen hat der Schutzpatron der Wanderer und Fahrensleut erneut unter Beweis gestellt, daß auf ihn Verlaß ist. Über die St.-Christoph-Bruderschaft ließ er einer Großfamilie finanzielle Hilfe zuteil werden. Die Spende wurde auf dem Scheitel des Arlbergs übergeben.

Der bekannte St. Antoner Unfallarzt Dr. Otto Murr, selbst seit langen Jahren in der Bruderschaft mithelfend tätig, schilderte, wie es zu der Hilfsaktion kam. Seit langen Jahren schon unterstützt die Bruderschaft, sie zählt mittlerweile über dreitausend Mitglieder, Opfer vom Arlbergtunnelbau, Bergbauernfamilien und andere Hilfsbedürftige, die von unserem Wohlstand ohne ihr Verschulden nicht viel spüren. Wie umfangreich diese Hilfsaktionen bereits geworden sind, mag die Tatsache dokumentieren, daß man jetzt bereits pro Jahr mehr als eine Million Schilling an Hilfsbedürftige weiterleitet. Der Sekretär der Landecker Bezirkslandwirtschaftskammer, Bundesrat Ing. Max Juen, war es, der vor einiger Zeit die St.-Christoph-Bruderschaft auf die Familie des Erich Plörer im Kaunertal hinwies. Zusammen mit seiner Gattin Gabriele und den inzwischen dreizehn Kindern wanderte die Familie Plörer 1967 aus dem Venter Tal auf den Kaunerberg. Dort fand man auf einem alten Hof ein neues, zugleich aber an Jahren altes Zuhause.

Der alte Bergbauernhof stellt für die fünfzehnköpfige Familie ein äußerst notdürftiges Zuhause dar. Die baulichen Zustände waren alles eher denn zureichend, die Fenster waren undicht, so daß der Wind besonders im Winter nahezu mühelos hindurchblies, die Küche war nur spärlich ausgerüstet und viel zu klein wie die gesamten Räumlichkeiten. Für dreizehn Kinder standen lediglich zwei Schlafkammern zur Verfügung. Der Familienerhalter Erich Plörer bearbeitet eine Landwirtschaft mit sieben Stück Vieh als Nebenerwerbsbauer, ansonsten verdient er sich das Brot für seine zahlreichen Familienmitglieder als Hilfsarbeiter.

Aufgrund der indiskutablen Wohnverhältnisse entschloß sich die Familie Plörer vor einigen Jahren zum Neubau eines Bergbauernhofes unweit des ehemaligen Anwesens. Die extreme Lage in 1600 Meter Seehöhe ließ das Bauvorhaben zu einem schwierigen Unterfangen werden, der Stall wurde bereits fertiggestellt, das Wohnhaus aber konnte wegen finanzieller Schwierigkeiten nicht bezogen werden. Trotz der für Bergbauern zur Verfügung stehenden Hilfen fehlt für die endgültige Fertigstellung noch eine beachtliche Summe. Mitglieder der Bruderschaft nahmen die Verhältnisse auf dem Kaunerberg in Augenschein und erstatteten auf dem Arlberg Bericht. Man bejahte einstimmig die Förderungswürdigkeit und entschloß sich, der Familie eine Zuwendung in sechsstelliger Höhe zu gewähren.

Letzten Sonntag war es nun soweit. Nachdem Tirols Bischof Reinhold Stecher auf dem Arlberg das Pontifikalamt gehalten und die traditionelle Autoweihe vorgenommen hatte, fand in den Räumen des Arlberghospiz der „Bruderschaftstag '83" statt. In diesem Rahmen wurde der Kaunerberger Familie der Scheck mit der finanziellen Hilfe übergeben. Freudestrahlend nahm man ihn in Empfang.

BRUDERSCHAFTSHILFE floß vom Arlberg zu einer Kaunerberger Familie.

Familie Plörer. Aus dem Tätigkeitsbericht der St. Christophs-Bruderschaft 1983/84.

hen, ob hier Soforthilfe am Platz wäre. Sie lassen 200.000 Schilling zurück.

Plörer baute Fenster, Türen und eine Heizung ein und zog mit den Seinen noch vor dem ersten Schnee ins neue Haus. Zwar fehlte es noch an allen Ecken und Enden. In der Stube lag noch jahrelang kein Fußboden. Im Sommer liefen die Kinder weiterhin barfuß, um die Schuhe für den Winter aufzusparen. Obst und Schokolade gab's nach wie vor nur zu den „Heiligen Zeiten", Mutter Plörer ernährte ihre Familie wie eh und je mit dem, was der Hof lieferte – Eier, Butter, Speck, Milch und 150 kleine Brotlaibe, die Gabriele Plörer alle zehn Tage buk ...

Es hat sich bis auf den heutigen Tag nicht viel geändert, bei den Plörers. Das Leben ist noch immer kein Honiglecken. Konsum ist noch immer ein Fremdwort für sie. Die Sonntagsmesse ist noch immer keine Frage, auch wenn der Schnee meterhoch liegt. Der Himmelvater ist und bleibt der Himmelvater, und keiner von den Plörers bezweifelt, daß Er guten Willens ist. Weshalb sonst hätte er die aus St. Christoph auf den Kaunerberg geschickt, damals, als man am Abgrund stand ...

Wunder. Wenn man sie für möglich hält, sollte man das Wiedererstehen der Bruderschaft ein Wunder nennen. Die alten Arlberger sagen: „Wenn das Hospiz nicht abgebrannt wär', dann wär' die Bruderschaft nie mehr erstanden." Ob sie wissen, daß sie mit diesen Worten eines der ältesten Sinnbilder der Welt für Auferstehung und Unsterblichkeit bemühen? Phönix, den sagenhaften, heiligen Vogel der Ägypter, der sich immer wieder selbst verbrennt, um verjüngt aus der Asche zu steigen.

Gerda und Adolf Werner beim Gästeschirennen, 1983.

LITERATURVERZEICHNIS

Bidermann Hermann, Verkehrsgeschichte des Arlberg und seiner Umgebung, in: Zeitschrift des Deutschen und Oesterreichischen Alpenvereins, Heft 3, 1884.

Crankshaw Edward, Die Habsburger, Wien — München — Zürich, 1971.

Dalla Torre Karl Wilhelm von, Deutschtirol, in: Die österreichisch-ungarische Monarchie in Wort und Bild, Tirol und Vorarlberg, Wien, 1893.

Endert - Kolb - Krückels, St. Christoph-Bruderschaft — Arlberg Hospiz, Sonderdruck, 1976.

Fischer Rainald, Die Kunstdenkmäler des Kantons Appenzell Inner-Rhoden, Basel, 1984.

Ders., Das ungeteilte Land, Band I (Von der Urzeit bis 1597), Kantonskanzlei Appenzell, 1964.

Hollnsteiner Franz Xaver, Die Herberg zu Sankt Christoph, St. Gabriel-Verlag, Wien-Mödling.

Gaßler Franz Sebastian, Schilderungen aus Urschriften unserer Voreltern, Wagnersche Schriften, Innsbruck, 1789.

Hupp Otto, Die Wappenbücher vom Arlberg, Band I der „Wappenbücher des deutschen Mittelalters", Berlin, 1937-39.

Janner Ernst, Winterheim St. Christoph am Arlberg, in: Der Winter, Zeitschrift für Wintersport, Heft 14, 1925/26.

Jung Julius, Die Römerzeit in Tirol und Vorarlberg, in: Die österreichisch-ungarische Monarchie in Wort und Bild, Vorarlberg und Tirol, Wien, 1893.

Kleindel Walter, Österreich. Daten zur Geschichte und Kultur, Wien, 1978.

Kurz Franz, Verkehrsgeschichte des Arlberg, Kufstein, 1899 (Selbstverlag).

Kruckenhauser Stefan, Die moderne alpine Skitechnik, in: Skilauf in Österreich, Offizielles Jahrbuch 1948 des Österreichischen Skiverbandes, Wien, 1949.

Langenmaier Luis, Arlberger Skihistorie, in: Skilauf in Österreich, Offizielles Jahrbuch 1948 des Österreichischen Skiverbandes, Wien 1949.

Ders., Der Weg des Skiclub Arlberg, Festschrift zum 50. Bestandsjubiläum des Skiclub Arlberg.

Ders., Die Skischule Arlberg, Manuskript.

Ders., Tirol aus der Perspektive seiner fünf Seilbahnen, in: Skilauf in Österreich, Offizielles Jahrbuch 1949 des Österreichischen Skiverbandes, Wien, 1950.

Mehl Erwin, Ein halbes Jahrhundert Abfahrtsunterricht, in: Skilauf in Österreich, Offizielles Jahrbuch 1949 des Österreichischen Skiverbandes, Wien, 1950.

Pfaundler Gertrud, Tirol Lexikon, Innsbruck, 1983.

Pfaundler Wolfgang, Tiroler Jungbürgerbuch, Innsbruck, 1963.

Pizzinini Meinrad, Der Weg über den Arlberg, in: Tirol, immer einen Urlaub wert, Winter 1984/85, Broschüre, Innsbruck.

Rapp Ludwig, St. Christoph auf dem Arlberg, in: G. Tinkhauser's topographisch-historisch-statistischer Beschreibung der Diöcese Brixen, Vierter Band, Brixen, 1889.

Ritschel Frank, Die Skischule in Österreich, in: Skilauf in Österreich, Offizielles Jahrbuch 1949 des Österreichischen Skiverbandes, Wien, 1950.

Sauerwein Herbert, Erzählungen und Sagen vom Tannberg, Lech-Bregenz, 1975.

Seibert Anton, Vorarlberg, in: Die österreichischungarische Monarchie in Wort und Bild, Tirol und Vorarlberg, Wien, 1893.

Schneider Hannes, Skibrief aus USA, in: Skilauf in Österreich, Offizielles Jahrbuch 1948 des Österreichischen Skiverbandes, Wien, 1949.

Stifter Herbert, Geschichten um den Arlberg, in: Der Winter, Zeitschrift für Wintersport, München, Heft 4, November 1936.

Thöni Hans, Die Bruderschaft St. Christoph am Arlberg, Broschüre, 1985 (2. Aufl.).

Ders., Rudolf Gomperz — Wegbereiter für St. Antons Fremdenverkehr, Manuskript, 1976/77.

Ders., Gastwirte am Hospiz in St. Christoph von 1783 — 1985, Studie, 1985.

Vonbun F. J., Die Sagen Vorarlbergs, Innsbruck, 1858.

Widmoser Eduard - Köfler Werner, Botenbuch der Bruderschaft St. Christoph auf dem Arlberg, Tiroler Handschrift, Codex Figdor, Innsbruck — München.

Wieser Franz von, Die vorgeschichtlichen Verhältnisse von Tirol und Vorarlberg, in: Die österreichisch-ungarische Monarchie in Wort und Bild, Wien, 1893.

Zdarsky Mathias, Alpine (Lilienfelder) Skilauf-Technik, Hamburg, 1904.

Zösmair Josef, Landesgeschichte von Vorarlberg, in: Die österreichisch-ungarische Monarchie in Wort und Bild, Tirol und Vorarlberg, Wien, 1893.

...es war ein Fest für alle!

600 Jahre 1386-1986 Bruderschaft St. Christoph/Arlberg

25.-27. Juli 1986

JUBILÄUM AUF DEM ARLBERG VOM 25. BIS 27. JULI 1986

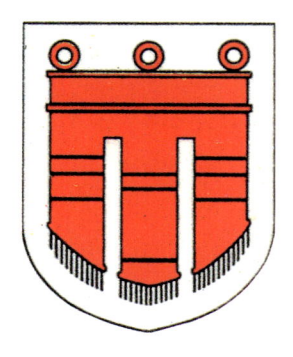

600 JAHRE BRUDERSCHAFT ST. CHRISTOPH

Drei Tage lang stand St. Christoph am Arlberg im Zeichen der Feierlichkeiten aus Anlaß des 600jährigen Bestandsjubiläums der Bruderschaft St. Christoph. Im Jahre 1386 begann Heinrich Findelkind aus Kempten mit dem Bau des Hospiz, um den Reisenden Zuflucht auf ihrem gefährlichen Weg über den Arlbergpaß zu bieten. Zur Finanzierung seines Vorhabens gründete er die Bruderschaft und zog mit seinen Helfern durch die Lande, um Spenden zu sammeln.

Aus dem Hospiz ist inzwischen eines der bestrenommierten Hotels am Arlberg geworden, und auch die Bruderschaft nimmt ständigen Aufschwung. Mit derzeit 6000 Mitgliedern aus aller Welt stellt sie heute eine der größten karitativen Vereinigungen Österreichs dar und konnte in den letzten Jahren über 20 Millionen Schilling in Form unbürokratischer Soforthilfe an bedürftige Familien und Waisenkinder weitergeben. Selbstverständlich floß auch der Reinerlös der großen Jubiläumsveranstaltung dem karitativen Fonds der Bruderschaft zu.

Beim Eröffnungsabend am Freitag freute sich Bischof DDr.

Auszug aus dem Festprogramm

Freitag, 25. 7. 1986

- 11.30 Uhr „Autofahrer unterwegs" Live-Sendung des ORF aus dem Hospiz
- 19.30 Uhr Platzkonzert auf dem Festplatz — Musikkapellen aus Lech und St. Anton
- 20.00 Uhr Begrüßungsempfang im Festzelt — Tiroler Bläsergruppe
- 20.20 Uhr Willkommensgruß und Vorstellung der Bruderschaftsmitglieder aus den verschiedenen Ländern
- Rustikales Abendessen
- Tanz- und Unterhaltungsprogramm — Festzelt und Hospiz

Samstag, 26. 7. 1986

- 10.00 Uhr Filmpremiere „600 Jahre Bruderschaft St. Christoph" des ORF im Bundessportheim und im kleinen Zelt
- 11.30 Uhr Cocktailempfang im Hospiz und im kleinen Zelt
- 12.30 Uhr Mittagessen „Ochsen am Spieß" im Festzelt
- 14.00 Uhr Eintreffen der Veteranenrallye mit Siegerehrung und Prämierung am Festplatz
- 16.00 Uhr Konzert mit den Trachtenmusikkapellen St. Jakob und Wald und Vorarlberger und Tiroler Volkstanzgruppen
- 19.00 Uhr Benefizabend von Hoteliers und Köchen des Arlbergs zugunsten des Hilfswerkes der Bruderschaft St. Christoph
- Feierlicher Einzug und Übergabe der Bruderschaftsfahne durch die Abordnung aus Appenzell
- Willkommensgrüße der Bürgermeister von St. Anton, Lech und Klösterle
- 20.00 Uhr Festdiner „Kulinarischer Arlberg"
- 21.30 Uhr „Das Rot-Weiß-Rote Wunschkonzert" mit prominenten Gästen und dem „Wurlitzer" (TV-Live-Sendung ab 21.50 Uhr)
- 23.00 Uhr Jubiläumsfeuerwerk „600 Jahre Bruderschaft St. Christoph" und Bergfeuer
- 23.30 Uhr Tanzmusik auf Bestellung und Dessertbuffet

Sonntag, 27. 7. 1986

- 7.45 Uhr Weckruf mit Glocken, Alphornbläsern und Böllerschießen
- 8.00 Uhr Historischer Marsch von Klösterle nach St. Christoph
- 9.30 Uhr Feierlicher Festzug in historischen Kostümen von der Paßhöhe zum Hospiz
- 10.30 Uhr Turmbläser
- 10.45 Uhr Landesüblicher Empfang der Festgäste durch die Schützenkompanie und die Musikkapelle St. Anton und die Trachtenmusikkapelle Lech
- 11.00 Uhr Einzug der Bischöfe und Äbte mit geistlicher Assistenz zum Bruderschaftsgottesdienst mit Festpredigt und Glockenweihe
- Hauptzelebrant: Se. Exz. DDr. Bruno Wechner, Bischof v. Feldkirch
- Festpredigt: Se. Exz. Dr. Reinhold Stecher, Bischof v. Innsbruck
- anschließend Autoweihe und Brieftaubenstart
- 12.30 Uhr Empfang im Festzelt mit alter Musik
- Ansprachen der Landeshauptleute von Tirol und Vorarlberg
- Überreichung der silbernen und goldenen Bruderschaftsabzeichen und Verleihung von Ehrenzeichen
- Bruderschaftsessen
- 15.00 Uhr Laienschauspiel „Heinrich das Findelkind" vor der Kapelle
- 16.30 Uhr Musikalischer Ausklang

Die Lecher Postwirtsleut Fam. Moosbrugger mit ihrer historischen Kutsche

Der Präsident dankt Ing. Hannes Kar für den hervorragenden Dokumentationsfilm über die Bruderschaft: „Quelle des Guten"

Samstag, 26. Juli nachmittags, war schon so richtig „der Bär los"

Bruno Wechner von Feldkirch, Präsident der Bruderschaft, daß das Werk von Heinrich Findelkind „wiedererstanden und eine wertvolle Sache geworden ist".

Den Auftakt zum zweiten Tag der Feierlichkeiten bildete die Premiere des Fernsehfilms „Quelle des Guten" von Ing. Hannes Kar, der sehr eindrucksvoll die Geschichte des Hospiz und der Bruderschaft dokumentiert. Der Benefizabend der Hoteliers, der Köche und des Servicepersonals des Arlbergs am Samstag begann mit der feierlichen Übergabe einer Nachbildung der Bruderschaftsfahne durch eine Abordnung aus Appenzell, angeführt vom regierenden Landammann Beat Graf. Das Banner, das die Appenzeller Bauern im Jahre 1406 auf einem Streifzug nach Tirol erobert hatten, wurde von neun Appenzeller Brüdern in einem einwöchigen Fußmarsch über die Berge des Alpsteins und des Montafons nach St. Christoph getragen. Am späten Abend des Samstag fand dann ein „Rot-Weiß-Rotes Wunschkonzert" statt. Diese vom ORF live übertragene Unterhaltungssendung befaßte sich ausschließlich mit der Bruderschaft. Moderator Peter Rapp

Die wackeren Appenzeller (Willi Bieler, Roland Fehr, Hans Frei, Isidor Oehy, Jack Oehy, Walter Omlin, Hans Platzer, August Thurnherr, Dominik Thurnherr und Stephan Heeb) und das Empfangskomitee um 10.15 Uhr bei der Ankunft am Freitag, dem 25. Juli

Die drei kulinarischen Organisatoren Sepp Zangerl, Herbert Lackner, Willi Gassner sowie Fritz Mayer

Die Hospiz-Wirtin beim „Mis en place"

Florian Werner führt die 82köpfige Service-Brigade an

begrüßte eine Reihe prominenter Bruderschaftsmitglieder, darunter Erbprinz Hans-Adam von Liechtenstein und die Oberbürgermeister der Städte Kempten, Konstanz und Ravensburg.

Einen glanzvollen Höhepunkt der Feierlichkeiten bildete der große Festumzug am Sonntag. 22 Gruppen mit rund 800 Akteuren haben sich daran beteiligt, darunter die Abordnungen und Musikkapellen der historischen Bezugspunkte der Bruderschaft: Kempten, Konstanz, Brixen, Ravensburg und Appenzell sowie aus den Arlbergorten. Beim traditionellen Bruderschaftsgottesdienst und der anschließenden Autoweihe konnten wieder zahlreiche Ehrengäste begrüßt werden, an der Spitze Landeshauptmann Dr. Herbert Keßler von Vorarlberg und Landeshaupt-

Der glückliche Autogewinner Alfons Triendl und der edle Spender Dr. F. K. Flick

Peter Rapp bei seinem Rot-Weiß-Roten Wunschkonzert

Die beiden Landeshauptleute von Vorarlberg und Tirol flankieren SD. Fürst Hans Adam von Liechtenstein

Der Präsident überreicht das große goldene Ehrenzeichen an Schwester Maria und Bruder Arthur Schneider

Die Abordnung aus Kempten

Die Landes-Intendanten Ing. Hannes Hauser, Dr. Leonhard Paulmichl, Intendant Ernst Marboe, mit Heinrich Wagner, BM Herbert Sprenger und Fürst Adam von Liechtenstein

Bischof Dr. Reinhold Stecher bei der Festpredigt  *Szene aus dem Laienschauspiel „Heinrich Findelkind": Carlo Katzenmayer mit den beiden Priestern* *Der Bruderschaftsrat*

mannstellvertreter Prof. Dr. Fritz Prior von Tirol. Der Festgottesdienst wurde von Bischof DDr. Bruno Wechner von Feldkirch zusammen mit sechs Bischöfen und Äbten aus Innsbruck, Bozen, Kempten, St. Gallen, Neresheim und Stams zelebriert. Einen besonders nachhaltigen Eindruck hinterließ die Festpredigt von Bischof Dr. Reinhold Stecher aus Innsbruck.

Unterhaltungsprogramme ließen dann das große Fest ausklingen, und zusammenfassend ist wohl eines festzuhalten: Nicht nur für die aus aller Welt, darunter Japan, Kanada und USA, angereisten Brüder und Schwestern, sondern auch für alle Freunde des Arlbergs, die so zahlreich erschienen waren, wird dieses Jubiläumsfest ein unvergeßliches Ereignis bleiben.

Der große Festplatz mit den beiden Zelten füllt sich für den Gottesdienst

ANLÄSSLICH DER 600 JAHR-FEIER DER BRUDERSCHAFT ST. CHRISTOPH VOM 25.-27. JULI 1986 SPRICHT IHNEN DIE BRUDERSCHAFT DANK UND ANERKENNUNG AUS.

600 JAHRE BRUDERSCHAFT ST. CHRISTOPH · PRO MERITO

600 Jahre 1386–1986
Bruderschaft St. Christoph/Arlberg
Historisches Fest mit Beteiligung der Städte Kempten Appenzell Konstanz Brixen Ravensburg
25.–27. Juli 1986

Vorarlberger Nachrichten Bregenz
FS 1 bringt Aufzeichnung von Bruderschaftsfeier

Das Arlberg-Hospiz in St. Christoph
Neue Zürcher Zeitung
600 Jahre Gastlichkeit und Nächstenhilfe

HERBST 1985
Heinrich, das Findelkind
Ein Kemptner als Gründer des Hospizes St. Christoph/Arlberg

ARLBERG-HOSPIZ
Bruderschaft und Nächstenliebe

NEUE
Großes Trara am Arlberg
600 Jahre Bruderschaft St. Christoph — ein Mordsauflauf
Bludenzer Laienspielgruppe gestaltete geschichtlichen Höhepunkt bei der 600-Jahrfeier der Bruderschaft St. Christoph

600 Jahre Hilfe für Bedürftige
Neue Kronen Zeitung Salzburg

Bruderschaft St. Christoph feiert mit viel Prominenz ihr 600.Jahr-Jubiläum
tz Tiroler Nachrichten

600 Jahre Bruderschaft St. Christoph –
EIN FEST FÜR ALLE
RUNDSCHAU

VORARLBERGER NACHRICHTEN
Großes dreitägiges Fest Ende Juli dieses Jahres
Bruderschaft St. Christoph feiert ihr 600jähriges Bestandsjubiläum

Heinrich Findelkind bringt den Arlberg ins Rampenlicht

Verleihung der Auszeichnung zur Führung des Tiroler Landeswappens

GROSSES GOLDENES EHRENZEICHEN DER BRUDERSCHAFT ST. CHRISTOPH

DIE TIROLER LANDESREGIERUNG
HAT IN IHRER SITZUNG VOM 22. Juli 1986
BESCHLOSSEN

Historischer Marsch über alte Straße und Festpredigt waren die Höhepunkte
Das Vermächtnis des Schweinehirten
VORARLBERGER NACHRICHTEN

Neue Kronen Zeitung Wien
Wurli auf dem Arlberg

Der Paß und seine Geschichte
Die St. Christophsbruderschaft auf dem Arlberg feiert den 600jährigen bestand

DAS VERDIENSTKREUZ DES LANDES TIROL ZU VERLEIHEN

Frankfurter Allgemeine Zeitung
Die Wohltat eines Schweinehirten und ihre Folgen
Die St.-Christoph-Bruderschaft vom Arlberg hat 600 Jahre nach der Gründung Mitglieder aus aller Welt

Tiroler Bauern-Zeitung
600 Jahre Hospiz am Arlberg

Die Bruderschaft St. Christoph dankt...
GEMEINDEBLATT FÜR ST. ANTON AM ARLBERG

600 Jahr-Jubiläum der St. Christoph-Bruderschaft
Millionenspende für Waisen und Bergbauernfamilien
tz neue tiroler zeitung

Erbprinz zum Bruder geschlagen
Feierliche Aufnahme in Bruderschaft St. Christoph am Arlberg
SÜDWESTDEUTSCHE UMSCHAU

St. Christoph-Bruderschaft: **Würdiges Jubiläum**
Drei Tage volles Programm und 1,2 Mio S für soziale Zwecke
BLICKPUNKT

Ein armer Schlucker macht Karriere
RHEINISCHER MERKUR

Die Idee zur Bruderschaft entstand im Mittelalter
RUNDSCHAU

„Das rot-weiß-rote Wunschprogramm":
Jubiläum auf dem Arlberg
Vorarlberger Nachrichten Bregenz

Salzburger Nachrichten
600 Jahre Hospiz auf dem Arlberg

Frau in der Wirtschaft jetzt »Schwestern«
Aufnahme in Bruderschaft
BLICKPUNKT

Bruder Lord, Bruder Erbprinz kommen
TIROLER TAGESZEITUNG

KURIER
600. Jubiläum der sozialen Bruderschaft